Zdravi okusi

Kuharska knjiga z anti-vnetnimi recepti

Lara Djere

Kazalo

Porcije tofuja za zajtrk: 4 17
Sestavine: 17
navodila: 17
Cvetačni vaflji s sirom in timijanom Porcije: 2 19
Sestavine: 19
navodila: 20
Sladki koruzni mafini 21
Obroki: 1 21
Sestavine: 21
navodila: 21
Svež in saden Perky Parfait 23
Obroki: 2 23
Sestavine: 23
Lososov toast s kremnim sirom Porcije: 2 24
Sestavine: 24
navodila: 24
Porcije pečenih ovsenih kosmičev z bananami in orehi: 9 25
Sestavine: 25
navodila: 26
Porcije krompirja in fižola: 4 27
Sestavine: 27
navodila: 28
Breskve z medeno mandljevo rikoto 29

Obroki: 6 29

Sestavine: 29

navodila: 29

Kruh iz bučk 31

Obroki: 6 31

Sestavine: 31

navodila: 32

Ploščice z jabolčnim cimetom Porcije: 4 33

Sestavine: 33

navodila: 34

Borovničevi mafini Porcije: 10 35

Sestavine: 35

navodila: 36

Porcije borovničevega smutija: 1 37

Sestavine: 37

navodila: 37

Sladki krompir, polnjen s cimetom in jabolki Porcije: 4 39

Sestavine: 39

navodila: 40

Z jajci polnjeni paradižniki Porcije: 2 41

Sestavine: 41

navodila: 41

Ohrovt kurkuma Scramble Porcije: 1 43

Sestavine: 43

navodila: 43

Enolončnica s sirom in klobasami z okusno marinaro 45

Sestavine: 45

navodila: 45

Porcije chia pudinga Golden Milk: 4 47

Sestavine: 47

navodila: 47

Korenčkov kolač čez noč Ovseni ovseni obroki: 2 49

Sestavine: 49

navodila: 49

Porcije medenih palačink: 2 50

Sestavine: 50

navodila: 51

Porcije palačink brez glutena: 10 53

Sestavine: 53

navodila: 54

Korenčkov riž z umešanimi jajci Porcije: 3 55

Sestavine: 55

navodila: 56

Porcije sladkega krompirja: 6 58

Sestavine: 58

navodila: 58

Jajčni mafini s feto in kvinojo Porcije: 12 59

Sestavine: 59

navodila: 59

Slane čičerikine palačinke Porcije: 1 61

Sestavine: 61

navodila: 61

Okusne porcije kurkuminega mleka: 2 63

Sestavine: 63

navodila: 63

Zelena Shakshuka Porcije: 4 64

Sestavine: 64

navodila: 65

Porcije beljakovinskega kruha s kvinojo: 12 66

Sestavine: 66

navodila: 67

Muffini z ingverjem in kokosom Porcije: 12 69

Sestavine: 69

Porcije vroče medene kaše: 4 71

Sestavine: 71

navodila: 71

Porcije solate za zajtrk: 4 72

Sestavine: 72

navodila: 72

Hitra kvinoja s cimetom in chia obroki: 2 74

Sestavine: 74

navodila: 74

Vaflji iz sladkega krompirja brez žit Porcije: 2 76

Sestavine: 76

navodila: 76

Fritata iz kvinoje in špargljevih gob Porcije: 3 78

Sestavine: 78

navodila: 78

Huevos Rancheros Obroki: 3 80

Sestavine: 80

navodila: 81

Omleta s špinačo in gobami Porcije: 2 82

Sestavine: 82

navodila: 82

Vaflji z bučo in banano Porcije: 4 83

Sestavine: 83

navodila: 84

Umešana jajca z dimljenim lososom Porcije: 2 85

Sestavine: 85

navodila: 85

Kremna parmezanova rižota z gobami in cvetačo 86

Sestavine: 86

navodila: 86

Ranch pražen brokoli s čedarjem Porcije: 2 88

Sestavine: 88

navodila: 88

Porcije močne beljakovinske kaše: 2 90

Sestavine: 90

navodila: 91

Porcije ovsene kaše z mangom in kokosom: 1 92

Sestavine: 92

navodila: 92

Fritata z gobami in špinačo Porcije: 4 93

Sestavine: 93

navodila: 93

Porcije sklede za zajtrk iz kvinoje: 6 95

Sestavine: 95

navodila: 95

Porcije jabolk s cimetom v počasnem kuhalniku: 6 97

Sestavine: 97

navodila: 97

Porcije polnozrnatega koruznega kruha: 8 99

Sestavine: 99

navodila: 99

Porcije paradižnikove omlete: 1 101

Sestavine: 101

navodila: 101

Rjavi sladkor, cimet, ovseni kosmiči: 4 103

Sestavine: 103

navodila: 103

Amarantova kaša s pečenimi hruškami Porcije: 2 104

Sestavine: 104

navodila: 105

Porcije čokolade s kurkumo: 2 107

Sestavine: 107

navodila: 107

Swift & Spicy Energy Eggs Porcije: 1 108

Sestavine: 108

navodila: 108

Sufleji iz čedarja in drobnjaka Porcije: 8 109

Sestavine: 109

navodila: 110

Ajdove palačinke z vanilijevim mandljevim mlekom Porcije: 1 111

Sestavine: 111

navodila: 111

Skodelice špinače in feta jajc Porcije: 3 113

Sestavine: 113

navodila: 113

Obroki fritaje za zajtrk: 2 115

Sestavine: 115

navodila: 115

Porcije burrita s piščancem in kvinojo: 6 116

Sestavine: 116

navodila: 117

Avo toast z jajci Porcije: 3 118

Sestavine: 118

navodila: 118

Porcije mandljevega ovsa: 2 119

Sestavine: 119

navodila: 119

Choco-nana palačinke Porcije: 2 120

Sestavine: 120

navodila: 120

Ovsene ploščice sladkega krompirja Porcije: 6 122

Sestavine: 122

navodila: 123

Easy-peasy Hash Browns Obroki: 3 125

Sestavine: 125

navodila: 125

Fritata s šparglji in gobami Porcije: 1 127

Sestavine: 127

navodila: 127

Enolončnica s francoskim toastom v počasnem kuhalniku: 9 129
Sestavine: 129
navodila: 130
Puran s klobaso iz timijana in žajblja Porcije: 4 131
Sestavine: 131
navodila: 131
Češnjev špinačni smoothie Porcije: 1 133
Sestavine: 133
navodila: 133
Porcije krompirja za zajtrk: 2 134
Sestavine: 134
navodila: 134
Porcije instant bananinih ovsenih kosmičev: 1 135
Sestavine: 135
navodila: 135
Smoothie z mandljevim maslom in banano Porcije: 1 136
Sestavine: 136
navodila: 136
Čokoladne chia energijske ploščice brez pečenja Porcije: 14 137
Sestavine: 137
navodila: 137
Porcije sklede za zajtrk s sadnim lanenim semenom: 1 139
Sestavine: 139
navodila: 140
Ovseni kosmiči za zajtrk v počasnem kuhalniku Porcije: 8 141
Sestavine: 141
navodila: 141

Porcije kruha Pumpernickel: 12 143

Sestavine: 143

navodila: 144

Chia puding s kokosom in malinami: 4 146

Sestavine: 146

navodila: 146

Obroki solate za vikend zajtrk: 4 147

Sestavine: 147

navodila: 147

Okusni sirasti vegetarijanski riž z brokolijem in cvetačo 149

Sestavine: 149

navodila: 150

Porcije sredozemskega toasta: 2 151

Sestavine: 151

navodila: 151

Porcije solate za zajtrk s sladkim krompirjem: 2 153

Sestavine: 153

navodila: 153

Skodelice Faux Breakfast Hash Brown Porcije: 8 154

Sestavine: 154

navodila: 154

Špinačna gobova omleta Porcije: 2 155

Sestavine: 155

navodila: 155

Solatni zavitki s piščancem in zelenjavo Porcije: 2 157

Sestavine: 157

navodila: 158

Kremasta skleda s cimetom in banano Porcije: 1 159

Sestavine: 159

Porcije dobrih žit z brusnicami in cimetom: 2 160

Sestavine: 160

navodila: 160

Obroki omlet za zajtrk: 2 162

Sestavine: 162

navodila: 162

Porcije polnozrnatega sendvič kruha: 12 163

Sestavine: 163

navodila: 163

Narezan piščančji giros 165

Sestavine: 165

navodila: 166

Porcije juhe iz sladkega krompirja: 6 167

Sestavine: 167

navodila: 167

Sestavine za kvinojin burrito sklede: 169

navodila: 170

Brokolini z mandlji Porcije: 6 171

Sestavine: 171

navodila: 171

Sestavine jedi iz kvinoje: 173

navodila: 173

Obroki jajčne solate za čisto prehranjevanje: 2 175

Sestavine: 175

navodila: 175

Porcije čilija iz belega fižola: 4 176
Sestavine: 176
navodila: 177
Porcije limonine tune: 4 178
Sestavine: 178
navodila: 178
Porcije kokosove gobove juhe: 3 180
Sestavine: 180
navodila: 180
Porcije zimske sadne solate: 6 182
Sestavine: 182
navodila: 182
V medu pečena piščančja bedra s korenčkom Porcije: 4 184
Sestavine: 184
navodila: 184
Porcije puranskega čilija: 8 186
Sestavine: 186
navodila: 187
Lečina juha z začimbami Porcije: 5 188
Sestavine: 188
navodila: 188
Porcije česnovega piščanca in zelenjave: 4 190
Sestavine: 190
navodila: 190
Porcije solate z dimljenim lososom: 4 192
Sestavine: 192
navodila: 193

Porcije solate Shawarma iz fižola: 2 194

Sestavine: 194

navodila: 195

Porcije ocvrtega riža z ananasom: 4 196

Sestavine: 196

navodila: 197

Porcije juhe iz leče: 2 198

Sestavine: 198

navodila: 199

Porcije okusne solate s tuno: 2 200

Sestavine: 200

navodila: 200

Aioli z jajci Porcije: 12 202

Sestavine: 202

navodila: 202

Testenine za špagete z zeliščno gobovo omako Sestavine: 203

navodila: 204

Rjavi riž in šitake miso juha s kapesanto 206

Sestavine: 206

Oceanska postrv na žaru s prelivom iz česna in peteršilja 208

Sestavine: 208

navodila: 208

Zavitki iz karijeve cvetače in čičerike Sestavine: 210

navodila: 211

Porcije juhe iz ajdovih rezancev: 4 212

Sestavine: 212

navodila: 213

Preprosta porcija solate z lososom: 1 214

Sestavine: 214

navodila: 214

Porcije zelenjavne juhe: 4 215

Sestavine: 215

navodila: 216

Porcije kozic z limoninim česnom: 4 217

Sestavine: 217

navodila: 217

Blt Spring Rolls Sestavine: 218

Prsi z modrim sirom Porcije: 6 219

Sestavine: 219

navodila: 219

Porcije tofuja za zajtrk: 4

Čas kuhanja: 20 minut

Sestavine:

2 žlički praženega sezamovega olja

1 čajna žlička riževega kisa

2 žlici sojine omake z zmanjšano vsebnostjo natrija

½ čajne žličke čebule v prahu

1 čajna žlička česna v prahu

1 blok tofuja, narezanega na kocke

1 žlica krompirjevega škroba

navodila:

1. V skledi zmešajte vse sestavine razen tofuja in krompirjevega škroba.

2. Dobro premešamo.

3. Dodajte tofu v skledo.

4. Marinirajte 30 minut.

5. Tofu premažemo s krompirjevim škrobom.

6. Dodajte tofu v košarico cvrtnika.

7. Cvrite na zraku pri 370 stopinjah F 20 minut, na polovici stresajte.

Cvetačni vaflji s sirom in timijanom Porcije: 2

Čas kuhanja: 15 minut

Sestavine:

½ skodelice naribanega sira mozzarella

¼ skodelice naribanega parmezana

¼ velike glavice cvetače

½ skodelice zelenjave

1 veliko bio jajce

1 steblo zelene čebule

½ žlice oljčnega olja

½ žličke česna v prahu

¼ žličke soli

½ žlice sezamovih semen

1 žlička svežega timijana, sesekljanega

¼ žličke mletega črnega popra

navodila:

1. Cvetačo dajte v kuhinjski robot, dodajte mlado čebulo, zeleno zelenjavo in timijan in nato mešajte 2 do 3 minute, dokler ni gladka.

2. Zmes stresite v skledo, dodajte preostale sestavine in mešajte, dokler se ne zmeša.

3. Vključimo pekač za vaflje, ga namažemo z oljem in vročega stresemo polovico pripravljene mase, zapremo s pokrovom in pečemo, da postane lepo rjava in čvrsta.

4. Ko končate, prenesite vafelj na krožnik in na enak način skuhajte še en vafelj s preostalim testom.

5. Postrezite takoj.

Informacije o hranilni vrednosti:Kalorije 144, skupno ogljikovih hidratov 8,5, skupna maščoba 9,4 g, beljakovine 9,3 g, sladkor 3 g, natrij 435 mg

Sladki koruzni mafini

Obroki: 1

Sestavine:

1 žlica pecilni prašek brez natrija

¾ c. nemlečno mleko

1 čajna žlička čisti ekstrakt vanilje

½ c. sladkor

1 c. belo polnozrnato moko

1 c. koruzni zdrob

½ c. repično olje

navodila:

1. Pečico segrejte na 400°F. Pekač za 12 mafinov obložite s papirnatimi podlogami in postavite na stran.

2. Koruzni zdrob, moko, sladkor in pecilni prašek dajte v posodo za mešanje in dobro premešajte, da se povežejo.

3. Dodajte nemlečno mleko, olje in vanilijo ter mešajte, dokler se ne združi.

4. Testo enakomerno porazdelite med posodice za mafine. Pekač za mafine postavimo na srednjo rešetko v pečici in pečemo 15 minut.

5. Odstranite iz pečice in postavite na rešetko, da se ohladi.

Informacije o hranilni vrednosti:Kalorije: 203, maščobe: 9 g, ogljikovi hidrati: 26 g, beljakovine: 3 g, sladkorji: 9,5 g, natrij: 255 mg

Svež in saden Perky Parfait

Obroki: 2

Čas kuhanja: 0 minut

Sestavine:

½ skodelice svežih malin

Ščepec cimeta

1 žlička javorjevega sirupa

2 žlici chia semen

16 oz. navadni jogurt

Sveže sadje: narezane robide, nektarine ali jagode

navodila:

1. Z vilicami pretlačite maline v posodi za mešanje, dokler ne dosežete konsistence, podobne marmeladi. Dodajte cimet, sirup in chia semena. Nadaljujte z mešanjem, dokler ne vključite vseh sestavin. Dati na stran.

2. V dveh servirnih kozarcih izmenično naložite plasti jogurta in mešanice.

Okrasite z rezinami svežega sadja.

Informacije o hranilni vrednosti:Kalorije 315 Maščobe: 8,7 g Beljakovine: 19,6 g Natrij: 164 mg Skupni ogljikovi hidrati: 45,8 g Prehranske vlaknine: 6,5 g

Lososov toast s kremnim sirom Porcije: 2

Čas kuhanja: 2 minuti

Sestavine:

Polnozrnati ali rženi toast, dve rezini

Rdeča čebula, drobno sesekljana, dve žlici

Kremni sir z nizko vsebnostjo maščob, dve žlici

Kosmiči bazilike, pol čajne žličke

Rukola ali špinača, sesekljana, pol skodelice

Dimljen losos, dve unči

navodila:

1. Popecite pšenični kruh. Zmešajte kremni sir in baziliko ter s to mešanico namažite toast. Dodajte lososa, rukolo in čebulo.

Informacije o hranilni vrednosti:Kalorije 291 maščobe 15,2 grama ogljikovih hidratov 17,8 gramov sladkorja 3 grame

Porcije pečenih ovsenih kosmičev z bananami in orehi: 9

Čas kuhanja: 40 minut

Sestavine:

Ovseni kosmiči - 2,25 skodelice

Banana, pire - 1 skodelica

Jajca – 2

Datljeva pasta - 2 žlici

Sojino olje - 3 žlice

Mandljevo mleko, nesladkano - 1 skodelica

Ekstrakt vanilije - 1 čajna žlička

Morska sol - 0,5 čajne žličke

Cimet – 1 čajna žlička

Pecilni prašek - 1 čajna žlička

Orehi, sesekljani - 0,5 skodelice

navodila:

1. Pečico segrejte na temperaturo 350 stopinj Fahrenheita in namastite ali obložite pekač velikosti 8 x 8 s kuhinjskim pergamentom, da preprečite prijemanje.

2. V kuhinjski skledi zmešajte datljevo pasto s pretlačeno banano, mandljevim mlekom, jajci, sojinim oljem in vanilijo. To mešanico stepajte, dokler se datljeva pasta popolnoma ne poveže z drugimi sestavinami brez grudic. Ampak grudice pretlačene banane so v redu.

3. V mešanico banan vmešajte ovsene kosmiče, cimet, morsko sol in pecilni prašek, nato pa vanjo nežno vmešajte sesekljane orehe.

4. Ko so banana in orehovi kosmiči združeni, mešanico razporedite po dnu pripravljenega pekača in posodo postavite na sredino vroče pečice. Pustite, da se peče, dokler oves ni zlate barve in strjen, približno trideset do petintrideset minut. Posodo s pečenimi ovsenimi kosmiči vzamemo iz pečice in pustimo, da se ohladi vsaj pet minut, preden jo postrežemo. Uživajte samostojno ali s svežim sadjem in jogurtom.

Porcije krompirja in fižola: 4

Čas kuhanja: 50 minut

Sestavine:

Krompir, narezan na kocke - 4 skodelice

Narezane gobe - 0,5 skodelice

paprika, narezana na kocke - 1

Bučke, narezane na kocke - 1 skodelica

Rumena buča, narezana na kocke – 1 skodelica

Pinto fižol, kuhan – 1,75 skodelice

Črni poper, mlet - 0,25 čajne žličke

Paprika, mleta - 0,5 čajne žličke

Morska sol - 0,5 čajne žličke

Čebula v prahu - 1,5 čajne žličke

Česen v prahu - 1,5 čajne žličke

navodila:

1. Pečico segrejte na 425 stopinj Fahrenheita in velik aluminijast pekač obložite s kuhinjskim pergamentom.

2. Dodajte na kocke narezan krompir na pekač in ga potresite z morsko soljo in črnim poprom. Začinjen krompir, narezan na kocke, postavimo v pečico, da se peče petindvajset minut. Odstranite krompir in ga dobro premešajte.

3. Medtem v veliko ponev, primerno za pečico, zmešajte preostale sestavine za hašiš. Ko vržete delno pražen krompir, postavite v pečico pekač za krompir in zelenjavno ponev. Pustite, da se oba dela hašiša pražita dodatnih petnajst minut.

4. Pekač in ponev vzemite iz pečice in vsebino ponve stresite k praženemu krompirju. Postrezite samo ali z jajci.

Breskve z medeno mandljevo rikoto

Obroki: 6

Čas kuhanja: 0 minut

Sestavine:

Širjenje

Ricotta, posneto mleko, ena skodelica

Med, ena čajna žlička

Mandlji, tanke rezine, pol skodelice

Mandljev izvleček, ena četrtina čajne žličke

Služiti

Breskve, narezane, ena skodelica

Kruh, polnozrnata peciva ali toast

navodila:

1. Zmešajte mandljev izvleček, med, rikoto in mandlje. Eno žlico te mešanice namažemo na popečen kruh in obložimo z breskvami.

Informacije o hranilni vrednosti:Kalorije 230 beljakovin 9 gramov maščobe 8 gramov ogljikovih hidratov gramov 37 vlaknin 3 gramov sladkorja 34 gramov

Kruh iz bučk

Obroki: 6

Čas kuhanja: 70 minut

Sestavine:

Bela polnozrnata moka - 2 skodelici

Soda bikarbona – 1 čajna žlička

Pecilni prašek – 2 žlički

Morska sol - 0,5 čajne žličke

Cimet, zmlet - 2 žlički

Jajce, veliko - 1

Ekstrakt vanilije - 1 čajna žlička

Jabolčna omaka, nesladkana - 0,5 skodelice

Bučke, naribane - 2 skodelici

Sadno sladilo Lakanto monk – 0,75 skodelice

navodila:

1. Pečico segrejte na 350 stopinj Fahrenheita in pekač za štruco velikosti 9 x 5 palcev obložite s kuhinjskim pergamentom ali ga namastite.

2. V velikem kuhinjskem mešalniku zmešajte jabolčno omako, bučke, ekstrakt vanilje, sladilo monk sadja, jajca in ekstrakt vanilije. V ločeni posodi za mešanje zmešamo suhe sestavine, da ne dobimo grudic od pecilnega praška ali sode.

3. Zmešane suhe sestavine za bučkin kruh dodajte mokrim sestavinam in obe nežno premešajte, dokler se ne povežeta.

Mešalno posodo očistite in vsebino vlijte v pripravljen pekač.

4. Hlebček kruha z bučkami postavite v pečico in pustite, da se peče, dokler ni popolnoma pečen. Pripravljen je, ko ga lahko zobotrebec, ko ga vstavite, čisto odstranite – približno eno uro.

5. Pekač za bučkin kruh vzemite iz pečice in pustite, da se ohlaja deset minut, nato pa hlebec bučkinega kruha odstranite iz pekača in prestavite na rešetko, da se ohladi. Počakajte, da se bučkin hlebček popolnoma ohladi, preden ga narežete.

Ploščice z jabolčnim cimetom Porcije: 4

Čas kuhanja: 35 minut

Sestavine:

Oves - 1 skodelica

Cimet, zmlet - 1 čajna žlička

Pecilni prašek - 0,5 čajne žličke

Soda bikarbona - 0,5 čajne žličke

Ekstrakt vanilije - 1 čajna žlička

Morska sol - 0,125 čajne žličke

Sadno sladilo Lakanto monk – 3 žlice Jabolka, olupljena in narezana na kocke – 1

Jogurt, navaden – 3 žlice

Sojino olje - 1 žlica

Jajca – 2

navodila:

1. Pečico segrejte na 350 stopinj Fahrenheita in kvadratni pekač velikosti 8 krat 8 palcev obložite s kuhinjskim pergamentom.

2. V mešalniku dodajte tri četrtine ovsa in preostale sestavine. Mešajte, dokler se ne združi, nato pa z lopatico vmešajte še zadnje ovsene kosmiče. Mešanico vlijte v pripravljen pekač in jo nato postavite na sredino pečice, da se peče, dokler se jabolčno-cimetove ploščice ne spečejo, približno petindvajset do trideset minut. Palice so pripravljene, ko vstavite nož ali zobotrebec in ga čisto odstranite.

3. Pekač z jabolčno cimetovo ploščico vzemite iz pečice in pustite, da se ploščice popolnoma ohladijo, preden jih narežete in ohladite v hladilniku.

Čeprav lahko te ploščice jeste pri sobni temperaturi, so najboljše, če jih najprej nekaj časa ohladite.

Borovničevi mafini Porcije: 10

Čas kuhanja: 22-25 minut

Sestavine:

2½ skodelice mandljeve moke

1 žlica kokosove moke

½ žličke sode bikarbone

3 žlice mletega cimeta, razdeljene

Sol, po okusu

2 bio jajci

¼ skodelice kokosovega mleka

¼ skodelice kokosovega olja

¼ skodelice javorjevega sirupa

1 žlica organske arome vanilije

1 skodelica svežih borovnic

navodila:

1. Pečico segrejte na 350 stopinj F. Namastite 10 skodelic velikega pekača za mafine.

2. V veliki skledi zmešajte moko, sodo bikarbono, 2 žlici cimeta in sol.

3. V drugo skledo dodajte jajca, mleko, olje, javorjev sirup in vanilijo ter stepajte, dokler se dobro ne premeša.

4. Dodajte jajčno mešanico v mešanico moke in premešajte, dokler ni dobro združena.

5. Zložite borovnice.

6. Kombinacijo enakomerno razporedite v pripravljene posodice za mafine.

7. Enakomerno potresemo s cimetom.

8. Pecite približno 22-25 minut ali dokler zobotrebec, zaboden v sredino, ni čist.

<u>Informacije o hranilni vrednosti:</u>Kalorije: 328, maščobe: 11 g, ogljikovi hidrati: 29 g, vlaknine: 5 g, beljakovine: 19 g

Porcije borovničevega smutija: 1

Čas kuhanja: 0 minut

Sestavine:

1 banana, olupljena

2 pesti mlade špinače

1 žlica mandljevega masla

½ skodelice borovnic

¼ čajne žličke mletega cimeta

1 čajna žlička mace v prahu

½ skodelice vode

½ skodelice mandljevega mleka, nesladkanega

navodila:

1. V mešalniku zmešajte špinačo z banano, borovnicami, mandljevim maslom, cimetom, maco v prahu, vodo in mlekom. Dobro premešajte, nalijte v kozarec in postrezite.

2. Uživajte!

Informacije o hranilni vrednosti:kalorij 341, maščobe 12, vlaknine 11, ogljikovi hidrati 54, beljakovine 10

Sladki krompir, polnjen s cimetom in jabolki

Porcije: 4

Čas kuhanja: 10 minut

Sestavine:

Sladki krompir, pečen – 4

Rdeča jabolka, narezana na kocke – 3

Voda - 0,25 skodelice

Morska sol - ščepec

Cimet, zmlet - 1 čajna žlička

Nageljnove žbice, zmlete - 0,125 čajne žličke

Ingver, zmlet - 0,5 čajne žličke

Pecans, sesekljan - 0,25 skodelice

Mandljevo maslo - 0,25 skodelice

navodila:

1. V veliki ponvi proti prijemanju zmešajte jabolka z vodo, morsko soljo, začimbami in pekan orehi. Jabolka pokrijte s tesno prilegajočim pokrovom in jih pustite vreti približno pet do sedem minut, dokler se ne zmehčajo.

Natančen čas kuhanja začinjenih jabolk bo odvisen od velikosti jabolčnih rezin in vrste jabolk, ki jih uporabljate.

2. Pečen sladki krompir prerežemo na pol, vsako polovico položimo na servirni krožnik. Ko so jabolka kuhana, z njimi obložite sladki krompir, nato pa po vrhu pokapajte mandljevo maslo.

Postrežemo še toplo.

Z jajci polnjeni paradižniki Porcije: 2

Čas kuhanja: 40 minut

Sestavine:

Paradižnik, velik, zrel - 2

Jajca – 2

Parmezan, nariban - 0,25 skodelice

Zelena čebula, narezana - 3

Česen, mlet - 2 stroka

Peteršilj, svež - 1 žlica

Morska sol - 0,5 čajne žličke

Ekstra deviško oljčno olje - 1 žlica

Črni poper, mlet - 0,5 čajne žličke

navodila:

1. Pečico segrejte na 350 stopinj Fahrenheita in za kuhanje pripravite ponev, primerno za pečico.

2. Na deski za rezanje zaokrožite vrh paradižnika, ki obdaja steblo. Z žlico nežno zajemajte notranjost paradižnika, kjer ste ga prerezali, in odstranite semena sadeža ter jih zavrzite.

Ostati vam mora ovoj iz plodov paradižnika brez odvečne tekočine in semen.

3. V kuhinjski posodi za mešanje zmešajte morsko sol, črni poper in svež peteršilj. Ko je mešanica premešana, potresite polovico zmesi v vsak paradižnik, z roko ali žlico pa razporedite začimbe po notranji steni paradižnika.

4. V ponvi segrejte česen in zeleno čebulo na oljčnem olju na srednji temperaturi, dokler ne postaneta mehka in dišeča – približno štiri do pet minut. Ko je končano, vmešajte parmezan in razdelite mešanico med dva paradižnika in jo položite notri. Zdaj, ko je ponev prazna, prestavite paradižnike z deske za rezanje v ponev. Na koncu v vsak paradižnik razbijemo eno jajce.

5. Postavite ponev s polnjenimi paradižniki v toplo pečico in pustite, da se pečejo, dokler ni jajce pečeno, približno petindvajset do trideset minut. Posodo z jajčnimi polnjenimi paradižniki vzamemo iz pečice in postrežemo še toplo, samo ali s popečenim polnozrnatim kruhom.

Ohrovt kurkuma Scramble Porcije: 1

Čas kuhanja: 10 minut

Sestavine:

Oljčno olje, dve žlici

Ohrovt, narezan, pol skodelice

Kalčki, pol skodelice

Česen, mleto, ena žlica

Črni poper, ena četrtina čajne žličke

Kurkuma, zmleta, ena žlica

Jajca, dve

navodila:

1. Stepite jajca in dodajte kurkumo, črni poper in česen.

Ohrovt na zmernem ognju pet minut dušimo na olivnem olju, nato pa to jajčno maso vlijemo v ponev z ohrovtom. Nadaljujte s kuhanjem, pogosto mešajte, dokler jajca niso kuhana. Prelijemo s surovimi kalčki in postrežemo.

Informacije o hranilni vrednosti:Kalorije 137 maščobe 8,4 g ogljikovih hidratov 7,9 g vlaknin 4,8 g gramov sladkorja 1,8 grama beljakovin 13,2 grama

Enolončnica s sirom in klobasami z okusno marinaro

Obroki: 6

Čas kuhanja: 20 minut

Sestavine:

½ žlice oljčnega olja

½ lb klobase

2,5 oz marinara omake

4 oz naribanega parmezana

4 oz naribanega sira mozzarella

navodila:

1. Vklopite pečico, nato nastavite temperaturo na 375°F in pustite, da se predgreje.

2. Vzamemo pekač, ga namažemo z oljem, vanj dodamo polovico klobase, jo premešamo in enakomerno razporedimo po dnu pekača.

3. Klobaso v pekaču prelijte s polovico vsake marinara omake, parmezanom in mocarelo, nato pa po vrhu razporedite preostalo klobaso.

4. Klobaso obložite s preostalo omako marinara, parmezanom in mocarelo ter nato pecite 20 minut, dokler se klobasa ne skuha in siri stopijo.

5. Ko je enolončnica končana, pustite, da se enolončnica popolnoma ohladi, nato jo enakomerno razdelite v šest nepredušnih posod in shranite v hladilniku do 12 dni.

6. Ko ste pripravljeni za uživanje, ponovno segrejte enolončnico v mikrovalovni pečici, dokler ni vroča, in postrezite.

<u>Informacije o hranilni vrednosti:</u>Kalorije 353, skupna maščoba 24,3 g, skupni ogljikovi hidrati 5,5 g, beljakovine 28,4, sladkor 5 g, natrij 902 mg

Porcije chia pudinga Golden Milk: 4

Čas kuhanja: 0 minut

Sestavine:

4 skodelice kokosovega mleka

3 žlice medu

1 čajna žlička vanilijevega ekstrakta

1 čajna žlička mlete kurkume

½ čajne žličke mletega cimeta

½ čajne žličke mletega ingverja

¾ skodelice kokosovega jogurta

½ skodelice chia semen

1 skodelica svežih mešanih jagod

¼ skodelice popečenega kokosovega čipsa

navodila:

1. V skledi za mešanje zmešajte kokosovo mleko, med, ekstrakt vanilije, kurkumo, cimet in ingver. Dodajte kokosov jogurt.

2. V sklede dajte chia semena, jagode in kokosov čips.

3. Vlijemo mlečno mešanico.

4. Pustite, da se ohladi v hladilniku, da se strdi 6 ur.

Informacije o hranilni vrednosti:Kalorije 337 Skupne maščobe 11 g Nasičene maščobe 2 g Skupni ogljikovi hidrati 51 g Neto ogljikovi hidrati 49 g Beljakovine 10 g Sladkor: 29 g Vlaknine: 2 g Natrij: 262 mg Kalij 508 mg

Korenčkov kolač čez noč Ovseni ovseni obroki: 2

Čas kuhanja: 1 minuta

Sestavine:

Kokosovo ali mandljevo mleko, ena skodelica

Chia semena, ena žlica

Cimet, zmlet, ena čajna žlička

Rozine, pol skodelice

Kremni sir z nizko vsebnostjo maščob, dve žlici pri sobni temperaturi. Korenček, eno veliko lupino in naribajte

Med, dve žlici

Vanilija, ena čajna žlička

navodila:

1. Zmešajte vse naštete izdelke in jih čez noč shranite v varno posodo v hladilniku. Zjutraj jejte hladno. Če se odločite za segrevanje, samo eno minuto segrevajte v mikrovalovni pečici in dobro premešajte pred jedjo.

Informacije o hranilni vrednosti:Kalorije 340 sladkorja 32 gramov beljakovin 8 gramov maščobe 4 gramov vlaknin 9 gramov ogljikovih hidratov 70 gramov

Porcije medenih palačink: 2

Čas kuhanja: 5 minut

Sestavine:

½ skodelice mandljeve moke

2 žlici kokosove moke

1 žlica mletih lanenih semen

¼ žličke sode bikarbone

½ žlice mletega ingverja

½ žlice mletega muškatnega oreščka

½ žlice mletega cimeta

½ čajne žličke mletih nageljnovih žbic

Ščepec soli

2 žlici organskega medu

¾ skodelice organskih beljakov

½ čajne žličke bio vanilijevega ekstrakta

Kokosovo olje, po potrebi

navodila:

1. V veliki skledi zmešajte moko, lanena semena, sodo bikarbono, začimbe in sol.

2. V drugi posodi dodajte med, jajčne beljake in vanilijo ter stepajte, dokler se dobro ne premeša.

3. Dodajte jajčno mešanico v mešanico moke in mešajte, dokler ni dobro združena.

4. Veliko ponev, ki se ne sprijema, rahlo namastite z oljem in segrejte na srednje nizki temperaturi.

5. Dodajte približno ¼ skodelice mešanice in nagnite ponev, da se enakomerno porazdeli po notranjosti ponve.

6. Kuhajte približno 3-4 minute.

7. Previdno prilagodite stran in kuhajte še približno 1 minuto.

8. Ponovite s preostalo mešanico.

9. Postrezite skupaj z želenim prelivom.

Informacije o hranilni vrednosti:Kalorije: 291, maščobe: 8 g, ogljikovi hidrati: 26 g, vlaknine: 4 g, beljakovine: 23 g

Porcije palačink brez glutena: 10

Čas kuhanja: 30 minut

Sestavine:

Možnost 1

Priprava palačink z mešanico za vaflje in palačinke brez glutena in gumija

3 žlice sladkorja

1 1/2 skodelice mešanice za palačinke brez glutena

1 skodelica hladne vode

2 jajci

2 žlici masla, stopljeno

Možnost 2

Priprava palačink z vašo najljubšo mešanico moke brez glutena in gumija:

2 žlici masla, stopljeno

3 žlice sladkorja

1 skodelica hladne vode

2 žlici hladne vode

2 jajci

1 1/2 skodelice moke brez glutena

1/2 žličke brezglutenskega pecilnega praška ali mešanice sode bikarbone in vinskega kamna v enakih delih

1/2 žličke vanilijevega ekstrakta

navodila:

1. V veliki skledi zmešajte vse sestavine za kremo in mešanico mešajte, dokler se grudice ne raztopijo. Pustite/pustite mešanico stati na sobni temperaturi približno 15 minut. Po 15 minutah se bo zgostila.

2. Ponev zelo segrejte, poškropite z oljem in v ponev z jušno žlico ali 1/4 vlijte malo mase.

merilno skodelico, ko ponev obračate s strani.

3. Pustite, da se ta tanka plast testa za palačinke kuha 1, 2 ali 3 minute, nato palačinko obrnite na drugo stran in pustite, da se kuha še eno minuto.

Informacije o hranilni vrednosti:Kalorije 100 Ogljikovi hidrati: 14 g Maščoba: 4 g Beljakovine: 3 g

Korenčkov riž z umešanimi jajci Porcije: 3

Čas kuhanja: 3 ure

Sestavine:

Za sojino omako Sweet Tamari

3 žlice tamari omake (brez glutena)

1 žlica vode

2-3 žlice melase

Za pikantne mešanice

3 stroki česna

1 majhna šalotka (narezana)

2 dolga rdeča čilija

Ščep mletega ingverja

Za korenčkov riž:

2 žlici sezamovega olja

5 jajc

4 velike korenčke

8 unč klobase (piščančje ali katere koli vrste – brez glutena in mlete).

1 žlica sladke sojine omake

1 skodelica fižolovih kalčkov

1/2 skodelice na kocke narezanega brokolija

sol in poper po okusu

Za okras:

Cilantro

Azijska čili omaka

sezamovo seme

navodila:

1. Za omako:

2. V ponvi na močnem ognju zavremo melaso, vodo in tamari.

3. Ko omaka zavre, zmanjšajte plamen in kuhajte, dokler se melasa popolnoma ne raztopi.

4. Omako dajte v ločeno skledo.

5. Za korenčkov riž:

6. V skledi zmešajte ingver, česen, čebulo in rdeče čilije.

7. Za pripravo riža iz korenja spiralizirajte korenje v spiralizatorju.

8. Spiralizirano korenje pretlačite v kuhinjskem robotu.

9. Brokoli narežite na majhne kocke kot koščke 10. Dodajte klobaso, korenje, brokoli in fižolove kalčke v skledo s čebulo, ingverjem, česnom in čilijem.

11. V lonec za počasno kuhanje dodajte začinjeno mešanico zelenjave in tamari omako.

12. Štedilnik postavite na močan ogenj za 3 ure ali nizek ogenj za 6 ur.

13. V ponvi ali ponvi s premazom proti prijemanju razmešajte dve jajci.

14. Korenčkov riž potresemo in nanj dodamo umešana jajca.

15. Okrasite s sezamovimi semeni, azijsko čilijevo omako in cilantrom.

<u>Informacije o hranilni vrednosti:</u>Kalorije 230 mg Skupna maščoba: 13,7 g Ogljikovi hidrati: 15,9 g Beljakovine: 12,2 g Sladkor: 8 g Vlaknine 4,4 g Natrij: 1060 mg Holesterol: 239 mg.

Porcije sladkega krompirja: 6

Čas kuhanja: 15 minut

Sestavine:

2 sladka krompirja, narezana na kocke

2 žlici olivnega olja

1 žlica paprike

1 čajna žlička posušenega plevela kopra

Popramo po okusu

navodila:

1. Predgrejte cvrtnik na 400 stopinj F.

2. Združite vse sestavine v skledi.

3. Prenesite v cvrtnik.

4. Kuhajte 15 minut in vsakih 5 minut premešajte.

Jajčni mafini s feto in kvinojo Porcije: 12

Čas kuhanja: 30 minut

Sestavine:

Jajca, osem

Paradižnik, sesekljan, ena skodelica

Sol, četrtina čajne žličke

Feta sir, ena skodelica

Kvinoja, ena skodelica kuhana

Oljčno olje, dve žlički

Origano, sveže sekanje, ena žlica

Črne olive, sesekljane, ena četrtina skodelice

Čebula, sesekljana, ena četrtina skodelice

Mlada špinača, narezana, dve skodelici

navodila:

1. Pečico segrejte na 350. Pekač za mafine poškropite z oljem z dvanajstimi skodelicami. Špinačo, origano, olive, čebulo in paradižnik kuhajte pet minut

na oljčnem olju na zmernem ognju. Stepite jajca. Kuhano mešanico zelenjave dodamo jajcem s sirom in soljo. Mešanico z žlico nalijte v modelčke za mafine. Pečemo trideset minut. Ti ostanejo sveži v hladilniku dva dni. Če želite jesti, ga zavijte v papirnato brisačo in segrevajte v mikrovalovni pečici trideset sekund.

Informacije o hranilni vrednosti:Kalorije 113 ogljikovih hidratov 5 gramov beljakovin 6 gramov maščobe 7

gramov sladkorja 1 gram

Slane čičerikine palačinke Porcije: 1

Čas kuhanja: 15 minut

Sestavine:

Voda - 0,5 skodelice, plus 2 žlici

Čebula, drobno narezana - 0,25 skodelice

Poper, drobno narezan na kocke - 0,25 skodelice

Čičerikina moka - 0,5 skodelice

Pecilni prašek - 0,25 čajne žličke

Morska sol - 0,25 čajne žličke

Česen v prahu - 0,25 čajne žličke

Kosmiči rdeče paprike - 0,125 čajne žličke

Črni poper, mlet - 0,125 čajne žličke

navodila:

1. Med pripravo testa za čičerikine palačinke segrejte 10-palčno ponev z nelepljivim premazom na srednji temperaturi.

2. V kuhinjski posodi za mešanje stepemo čičerikino moko s pecilnim praškom in začimbami. Ko je vse skupaj premešano, dodajte vodo in močno mešajte petnajst do trideset sekund, da se v čičerikino testo vlije veliko zračnih mehurčkov ter razpad in grudice.

Primešamo na kocke narezano čebulo in papriko.

3. Ko je ponev vroča, vanjo naenkrat vlijte vso maso, da ustvarite eno veliko palačinko. Pekač premikajte s krožnimi gibi, da se testo enakomerno porazdeli po celotnem dnu pekača, nato pa pustite počivati nemoteno.

4. Pecite čičerikino palačinko, dokler ni strjena in jo je mogoče preprosto obrniti, ne da bi se zlomila, približno pet do sedem minut. Dno mora biti zlato rjave barve. Slano čičerikino palačinko previdno obrnite z veliko lopatko in pustite, da se druga stran peče še dodatnih pet minut.

5. Ponev s slano čičerikino palačinko odstavimo z ognja in palačinko prestavimo na krožnik, tako da ostane cela ali pa jo narežemo na kolesca. Postrezite z izbranimi slanimi omakami in pomakami.

Okusne porcije kurkuminega mleka: 2

Čas kuhanja: 5 minut

Sestavine:

1½ skodelice kokosovega mleka, nesladkanega

1½ skodelice mandljevega mleka, nesladkanega

¼ čajne žličke mletega ingverja

1½ čajne žličke mlete kurkume

1 žlica kokosovega olja

¼ čajne žličke mletega cimeta

navodila:

1. Kokosovo in mandljevo mleko damo v manjši lonec in segrevamo na zmernem ognju, dodamo ingver, olje, kurkumo in cimet. Premešamo in kuhamo 5 minut, razdelimo v posodice in postrežemo.

2. Uživajte!

Informacije o hranilni vrednosti: kalorij 171, maščobe 3, vlaknine 4, ogljikovi hidrati 6, beljakovine 7

Zelena Shakshuka Porcije: 4

Čas kuhanja: 25 minut

Sestavine:

2 žlici ekstra deviškega oljčnega olja

1 čebula, mleto

2 stroka česna, nasekljana

1 jalapeño, brez semen in zmlet

1 funt špinače (odmrznjena, če je zamrznjena)

1 čajna žlička posušene kumine

¾ čajne žličke koriandra

Sol in sveže mlet črni poper

2 žlici harise

½ skodelice zelenjavne juhe

8 velikih jajc

Sesekljan svež peteršilj, po potrebi za serviranje Sesekljan svež cilantro, po potrebi za serviranje Kosmiči rdeče paprike, po potrebi za serviranje

navodila:

1. Pečico segrejte na 350 ° F.

2. V veliki ponvi, primerni za pečico, na srednjem ognju segrejte oljčno olje. Dodamo čebulo in pražimo 4 do 5 minut. Vmešajte česen in jalapeño, nato pa pražite še 1 minuto, da zadiši.

3. Dodajte špinačo in kuhajte, dokler popolnoma ne oveni, če je sveža, 4 do 5 minut ali 1 do 2 minuti, če je odmrznjena iz zamrznjene, dokler se ne segreje.

4. Začinite s kumino, poprom, koriandrom, soljo in harisso. Kuhajte približno 1 minuto, dokler ne zadiši.

5. Mešanico prestavite v posodo kuhinjskega robota ali mešalnik in pretlačite, dokler ni groba. Povežite juho in pire, dokler ni gladka in gosta.

6. Obrišite ponev in jo potresite s pršilom za kuhanje proti prijemanju. Špinačno zmes vlijemo nazaj v pekač in z leseno žlico naredimo osem okroglih jamic.

7. Jajca narahlo razbijte v cevi. Ponev prestavite v pečico in kuhajte 20 do 25 minut, dokler se beljaki popolnoma ne strdijo, rumenjaki pa se še vedno rahlo tresijo.

8. Shakshuko potresemo s peteršiljem, koriandrom in kosmiči rdeče paprike po okusu. Postrezite takoj.

Informacije o hranilni vrednosti:251 kalorij 17 g maščobe 10 g ogljikovih hidratov 17 g beljakovin 3 g sladkorjev

Porcije beljakovinskega kruha s kvinojo: 12

Čas kuhanja: 1 ura, 45 minut

Sestavine:

Čičerikina moka - 1 skodelica

Prepražena kvinojina moka – 1 skodelica

Krompirjev škrob - 1 skodelica

Sirkova moka - 1 skodelica

Ksantan gumi - 2 žlički

Morska sol - 1 čajna žlička

Voda, topla - 1,5 skodelice

Aktivni suhi kvas - 1,5 čajne žličke

Datljeva pasta - 2 žlici

Makovo seme - 1 žlica

Sončnična semena - 1 žlica

Pepitas - 2 žlici

Avokadovo olje - 3 žlice

Jajca, sobna temperatura – 3

navodila:

1. Pripravite pekač za štruco velikosti 9 krat 5 palcev tako, da ga obložite s kuhinjskim pergamentom in nato rahlo namastite.

2. V kuhinjski posodi za mešanje zmešajte toplo vodo, datljevo pasto in kvas, dokler se vsebina popolnoma ne raztopi. To mešanico za kruh s kvinojo pustite stati pet do deset minut, dokler kvas ne nabrekne in napihne – to je treba narediti v toplem okolju.

3. Medtem v večji posodi za mešanje, po možnosti za stoječi mešalnik, zmešajte moko, škrob, ksantan gumi in morsko sol, dokler se ne povežejo. Na koncu v majhni mešalni posodi zmešajte avokadovo olje in jajca. Odstavite jih na stran, medtem ko čakate, da kvasovke končajo.

4. Ko kvas vzcveti, stojni mešalnik z mešanico moke zavrtite na nizko temperaturo in vlijte mešanico kvasa. Pustite, da stoječi mešalnik z nastavkom za nekaj trenutkov združi tekočino in moko, preden dodate mešanico jajc in olja. Pustite, da se ta mešanica meša dve minuti, dokler ne nastane kohezivna masa

kroglica testa. V testo dodamo semena in mešamo še eno minuto na srednji hitrosti. Upoštevajte, da bo testo bolj mokro in manj elastično kot testo iz tradicionalne moke, saj je brez glutena.

5. Testo iz kvinojinih beljakovin vlijemo v pripravljen pekač, ga pokrijemo s kuhinjsko plastiko ali čisto vlažno krpo in pustimo vzhajati na toplem mestu brez prepiha, dokler se ne podvoji – približno štirideset minut.

Medtem segrejte pečico na 375 stopinj Fahrenheita.

6. Vzhajano štruco postavite na sredino pečice in pustite, da se peče, dokler ni pečena in zlato rjava. Ko potrkate na štruco kruha s kvinojinimi beljakovinami, mora zveneti votlo. Pekač za kruh s kvinojinimi beljakovinami vzemite iz pečice in pustite, da se ohladi pet minut, preden beljakovinski kruh s kvinojijo odstranite iz pekača in ga prestavite na rešetko, da se ohladi. Pustite, da se štruca kvinojinega kruha popolnoma ohladi, preden jo narežete.

Muffini z ingverjem in kokosom Porcije: 12

Čas kuhanja: 20-22 minut

Sestavine:

2 skodelici blanširane mandljeve moke

½ skodelice nesladkanih kokosovih koščkov

1 žlička sode bikarbone

½ čajne žličke pimenta

½ čajne žličke mletega ingverja

Ščepec mletih nageljnovih žbic

Sol, po okusu

3 bio jajca

½ skodelice organskega medu

½ skodelice kokosovega olja

1 skodelica korenčka, olupljenega in naribanega

2 žlici svežega ingverja, olupljene in naribane ¾ skodelice rozin, namočenih v vodi 15 minut in odcejenih navodila:

1. Pečico segrejte na 350 stopinj F. Namastite 12 skodelic velikega pekača za mafine.

2. V večji skledi zmešajte moko, kokosove koščke, sodo bikarbono, začimbe in sol.

3. V drugo skledo dodajte jajca, med in olje ter stepajte, dokler se dobro ne premeša.

4. Dodajte jajčno mešanico v mešanico moke in premešajte, dokler ni dobro združena.

5. Zložite korenček, ingver in rozine.

6. Mešanico enakomerno razporedite v pripravljene posodice za mafine.

7. Pečemo približno 20-22 minut ali dokler zobotrebec, vstavljen v sredino, ne pride čist.

Informacije o hranilni vrednosti:Kalorije: 352, maščobe: 13 g, ogljikovi hidrati: 33 g, vlaknine: 9 g, beljakovine: 15 g

Porcije vroče medene kaše: 4

Sestavine:

¼ c. med

½ c. valjani oves

3 c. vrelo vodo

¾ c. bulgur pšenica

navodila:

1. V ponev dajte pšenico bulgur in ovsene kosmiče. Dodajte vrelo vodo in premešajte, da se združi.

2. Ponev postavite na močan ogenj in zavrite. Ko zavre, zmanjšajte ogenj na nizko, nato pokrijte in med občasnim mešanjem kuhajte 10 minut.

3. Odstranite z ognja, vmešajte med in takoj postrezite.

Informacije o hranilni vrednosti:Kalorije: 172, maščoba: 1 g, ogljikovi hidrati: 40 g, beljakovine: 4 g, sladkorji: 5 g, natrij: 20 mg

Porcije solate za zajtrk: 4

Čas kuhanja: 0 minut

Sestavine:

27 unč ohrovtove solate, pomešane s suhim sadjem 1 ½ skodelice borovnic

15 unč pese, kuhane, olupljene in narezane na kocke

¼ skodelice olivnega olja

2 žlici jabolčnega kisa

1 čajna žlička kurkume v prahu

1 žlica limoninega soka

1 strok česna, mlet

1 čajna žlička sveže naribanega ingverja

Ščepec črnega popra

navodila:

1. V solatni skledi zmešamo ohrovt in suho sadje s peso in borovnicami. V posebni skledi zmešajte olje s kisom, kurkumo, limoninim sokom, česnom, ingverjem in ščepcem črnega popra, dobro premešajte in prelijte po solati, premešajte in postrezite.

2. Uživajte!

Informacije o hranilni vrednosti: kalorij 188, maščobe 4, vlaknine 6, ogljikovi hidrati 14, beljakovine 7

Hitra kvinoja s cimetom in chia obroki: 2

Čas kuhanja: 3 minute

Sestavine:

2 skodelici kvinoje, predhodno kuhane

1 skodelica mleka iz indijskih oreščkov

½ žličke mletega cimeta

1 skodelica svežih borovnic

¼ skodelice orehov, opečenih

2 žlički surovega medu

1 žlica chia semen

navodila:

1. Na srednje nizkem ognju v ponev dodajte kvinojo in mleko iz indijskih oreščkov. Vmešajte cimet, borovnice in orehe. Počasi kuhamo tri minute.

2. Ponev odstavimo z ognja. Vmešajte med. Pred serviranjem po vrhu okrasite s chia semeni.

Informacije o hranilni vrednosti:Kalorije 887 Maščobe: 29,5 g Beljakovine: 44. Natrij: 85 mg Skupni ogljikovi hidrati: 129,3 g Prehranske vlaknine: 18,5 g

Vaflji iz sladkega krompirja brez žit Porcije: 2

Čas kuhanja: 15 minut

Sestavine:

Sladki krompir, narezan - 3 skodelice

Kokosova moka – 2 žlici

Arrowroot - 1 žlica

Jajca – 2

Sojino olje - 1 žlica

Cimet, zmlet - 0,5 čajne žličke

Mleti muškatni oreešček - 0,25 čajne žličke

Morska sol - 0,25 čajne žličke

Datljeva pasta - 1 žlica

navodila:

1. Preden zmešate vaflje, najprej segrejte pekač za vaflje.

2. V skledi zmešajte jajca, sojino olje in datljevo pasto, dokler se ne povežejo. Dodajte preostale sestavine in mešajte, dokler se vse sestavine enakomerno ne porazdelijo.

3. Namastite segret pekač za vaflje in dodajte nekaj testa.

Zaprite likalnik in pustite, da se vafelj kuha do zlato rjave barve, približno šest do sedem minut. Ko je končano, odstranite vafelj z vilicami in nato na enak način skuhajte drugo polovico testa.

4. Vaflje iz sladkega krompirja brez žitaric postrezite vroče s svojimi najljubšimi prelivi, kot so jogurt in sveže jagodičevje, sadni kompot ali Lakantov monk sadni javorjev sirup.

Fritata iz kvinoje in špargljevih gob Porcije: 3

Čas kuhanja: 30 minut

Sestavine:

2 žlici olivnega olja

1 skodelica narezanih gob

1 skodelica špargljev, narezana na 1-palčne kose

½ skodelice sesekljanega paradižnika

6 velikih jajc, pašne reje

2 velika beljaka, pašna vzreja

¼ skodelice nemlečnega mleka

1 skodelica kvinoje, kuhane po embalaži 3 žlice sesekljane bazilike

1 žlica sesekljanega peteršilja, okras

Sol in poper po okusu

navodila:

1. Pečico segrejte na 3500F.

2. V ponvi na srednjem ognju segrejte oljčno olje.

3. Vmešajte gobe in šparglje.

4. Začinite s soljo in poprom po okusu. Pražite 7 minut oziroma dokler gobe in šparglji ne porjavijo.

5. Dodamo paradižnik in kuhamo še 3 minute. Dati na stran.

6. Medtem v skledi za mešanje zmešajte jajca, beljak in mleko.

Dati na stran.

7. V pekač položite kvinojo in prelijte z zelenjavno mešanico. Prilijemo jajčno zmes.

8. Postavite v pečico in pecite 20 minut oziroma dokler se jajca ne strdijo.

<u>Informacije o hranilni vrednosti:</u>Kalorije 450 Skupne maščobe 37 g Nasičene maščobe 5˙g Skupni ogljikovi hidrati 17 g Neto ogljikovi hidrati 14 g Beljakovine 12 g Sladkor: 2 g Vlaknine: 3 g Natrij: 60 mg Kalij 349 mg

Huevos Rancheros Obroki: 3

Čas kuhanja: 20 minut

Sestavine:

Jajca - 6

Koruzne tortilje, majhne – 6

Pečen fižol - 1,5 skodelice

Zeleni čili, narezan na kocke, v pločevinkah – 4 unče

Predhodno praženi paradižniki v pločevinkah - 14,5 unč

Avokado, narezan - 1

Česen, mlet - 2 stroka

Cilantro, sesekljan - 0,5 skodelice

Čebula, narezana na kocke - 0,5

Morska sol - 0,5 čajne žličke

Kumina, mleta - 0,5 čajne žličke

Ekstra deviško oljčno olje - 1 čajna žlička

Črni poper, mlet - 0,25 čajne žličke

navodila:

1. V ponvi pustite, da se na ognju praženi paradižnik, zeleni čili, morska sol, kumina in črni poper dušijo pet minut.

2. Medtem prepražite čebulo in oljčno olje v veliki ponvi ter dodajte česen zadnjo minuto kuhanja – skupaj približno pet minut.

3. V ponvi prepražite jajca po želji; pogrejte ocvrt fižol in pogrejte tortilje.

4. Za serviranje po tortiljah z žlico razporedite popražen fižol, paradižnik, čebulo in jajca. Prelijte z avokadom in cilantrom ter uživajte sveže in vroče. Če želite, lahko dodate malo salse, sira ali kisle smetane.

Omleta s špinačo in gobami Porcije: 2

Čas kuhanja: 15 minut

Sestavine:

Oljčno olje, ena žlica + ena žlica

Špinača, sveža, narezana, skodelica in pol Zelena čebula, ena narezana na kocke

Jajca, tri

Feta sir, ena unča

Gobe, gumb, pet rezin

Rdeča čebula, narezana na kocke, ena četrtina skodelice

navodila:

1. Gobe, čebulo in špinačo tri minute prepražimo na eni žlici olivnega olja in odstavimo. Jajca dobro stepite in jih na drugi žlici olivnega olja kuhajte tri do štiri minute, dokler robovi ne porjavijo. Na polovico omlete potresemo vse ostale sestavine, drugo polovico pa prepognemo čez prepražene sestavine. Pečemo eno minuto na vsaki strani.

Informacije o hranilni vrednosti:Kalorije 337 maščobe 25 gramov beljakovin 22 gramov ogljikovih hidratov 5,4 grama sladkorja 1,3 grama vlaknin 1 gram

Vaflji z bučo in banano Porcije: 4

Čas kuhanja: 5 minut

Sestavine:

½ skodelice mandljeve moke

½ skodelice kokosove moke

1 žlička sode bikarbone

1½ čajne žličke mletega cimeta

¾ čajne žličke mletega ingverja

½ čajne žličke mletih nageljnovih žbic

½ čajne žličke mletega muškatnega oreščka

Sol, po okusu

2 žlici olivnega olja

5 velikih organskih jajc

¾ skodelice mandljevega mleka

½ skodelice bučnega pireja

2 srednji banani, olupljeni in narezani

navodila:

1. Segrejte pekač za vaflje in ga nato namastite.

2. V večji skledi zmešajte moko, sodo bikarbono in začimbe.

3. V mešalniku dodajte preostale sestavine in mešajte do gladkega.

4. Dodajte mešanico moke in mešajte do

5. V predhodno segret pekač za vaflje dodajte potrebno količino zmesi.

6. Kuhajte približno 4-5 minut.

7. Ponovite s preostalo mešanico.

Informacije o hranilni vrednosti:Kalorije: 357,2, maščobe: 28,5 g, ogljikovi hidrati: 19,7 g, vlaknine: 4 g, beljakovine: 14 g

Umešana jajca z dimljenim lososom Porcije: 2

Čas kuhanja: 10 minut

Sestavine:

4 jajca

2 žlici kokosovega mleka

Svež drobnjak, sesekljan

4 rezine divje ulovljenega dimljenega lososa, sesekljan Sol po okusu

navodila:

1. V skledi stepemo jajce, kokosovo mleko in drobnjak.

2. Ponev namažite z oljem in segrejte na srednje nizkem ognju.

3. Vlijemo jajčno mešanico in med kuhanjem vmešamo jajca.

4. Ko se jajca začnejo posedati, dodajte dimljenega lososa in kuhajte še 2 minuti.

Informacije o hranilni vrednosti:Kalorije 349 Skupne maščobe 23 g Nasičene maščobe 4 g Skupni ogljikovi hidrati 3 g Neto ogljikovi hidrati 1 g Beljakovine 29 g Sladkor: 2 g Vlaknine: 2 g Natrij: 466 mg Kalij 536 mg

Kremna parmezanova rižota z gobami in cvetačo

Obroki: 2

Čas kuhanja: 18 minut

Sestavine:

1 strok česna, olupljen, narezan

½ skodelice težke smetane

½ skodelice cvetače, riževe

½ skodelice gob, narezanih

Kokosovo olje, za cvrtje

Parmezan, nariban, za preliv

navodila:

1. Vzemite ponev, jo postavite na srednje močan ogenj, dodajte kokosovo olje in ko se stopi, dodajte česen in gobe ter kuhajte 4

minut ali dokler ne prepražimo.

2. Nato v ponev dodamo cvetačo in smetano, dobro premešamo in dušimo 12 minut.

3. Rižoto prestavimo na krožnik, potresemo s sirom in postrežemo.

Informacije o hranilni vrednosti:Kalorije 179, skupna maščoba 17,8 g, skupni ogljikovi hidrati 4,4 g, beljakovine 2,8 g, sladkor 2,1 g, natrij 61 mg

Ranch pražen brokoli s čedarjem Porcije: 2

Čas kuhanja: 30 minut

Sestavine:

1½ skodelice cvetov brokolija

Sol in sveže mlet črni poper po okusu 1/8 skodelice rančevega preliva

1/8 skodelice težke smetane za stepanje

¼ skodelice naribanega ostrega cheddar sira

1 žlica oljčnega olja

navodila:

1. Vklopite pečico, nato nastavite temperaturo na 375°F in pustite, da se predgreje.

2. Medtem vzemite srednje veliko skledo, vanjo dodajte cvetove skupaj s preostalimi sestavinami in mešajte, dokler se dobro ne združita.

3. Vzamemo pekač, ga namažemo z oljem, dodamo pripravljeno zmes in pečemo 30 minut, dokler ni popolnoma pečen.

4. Ko je končana, pustite, da se enolončnica ohladi 5 minut in nato postrezite.

Informacije o hranilni vrednosti:Kalorije 111, skupna maščoba 7,7 g, skupni ogljikovi hidrati 5,7 g, beljakovine 5,8 g, sladkor 1,6 g, natrij 198 mg

Porcije močne beljakovinske kaše: 2

Čas kuhanja: 8 minut

Sestavine:

¼ skodelice polovic orehov ali pekanov, grobo sesekljanih ¼ skodelice popečenega kokosa, nesladkanega

2 žlici konopljinih semen

2 žlici celih chia semen

¾ skodelice mandljevega mleka, nesladkanega

¼ skodelice kokosovega mleka

¼ skodelice mandljevega masla, praženega

½ žličke kurkume, mlete

1 žlica ekstra deviškega kokosovega olja ali MCT olja

2 žlici eritritola ali 5-10 kapljic tekoče stevije (neobvezno) Ščepec mletega črnega popra

½ žličke cimeta ali ½ žličke vanilje v prahu

navodila:

1. V vročo ponev dajte orehe, kokos v kosmičih in konopljina semena. Mešanico pražimo 2 minuti ali dokler ne zadiši. Nekajkrat premešamo, da se ne zažge. Pečeno zmes preložimo v skledo. Dati na stran.

2. Zmešajte mandljevo in kokosovo mleko v majhni ponvi, ki jo postavite na srednji ogenj. Mešanico segrejte.

3. Po segrevanju, vendar ne zavre, izklopite ogenj. Dodajte vse preostale sestavine. Dobro premešajte, dokler ni popolnoma združena. Odstavite za 10 minut.

4. Polovico praženega zmešamo s kašo. Kašo zajemite v dve servirni skledi. Vsako skledo potresemo s preostalo polovico pražene mešanice in cimetom v prahu. Kašo postrezite takoj.

<u>Informacije o hranilni vrednosti:</u>Kalorije 572 Maščobe: 19 g Beljakovine: 28,6 g Natrij: 87 mg Skupni ogljikovi hidrati: 81,5 g Prehranske vlaknine: 10 g

Porcije ovsene kaše z mangom in kokosom: 1

Sestavine:

½ c. kokosovo mleko

Košer sol

1 c. staromodni valjani oves

1/3 c. sveže sesekljan mango

2 žlici. Nesladkani kokosovi kosmiči

navodila:

1. V srednji ponvi na močnem ognju zavrite mleko. Vmešajte oves in sol ter zmanjšajte ogenj na nizko. Dušimo približno 5

minut, dokler oves ni kremast in mehak.

2. Medtem pražite kokosove kosmiče približno 2 - 3 minute, dokler ne zlato porjavijo v majhni suhi ponvi na majhnem ognju.

3. Ko je končano, ovsene kosmiče prelijte z mangom in kokosovimi kosmiči, postrezite in uživajte.

Informacije o hranilni vrednosti:Kalorije: 428, maščobe: 18 g, ogljikovi hidrati: 60 g, beljakovine: 10 g, sladkorji: 26 g, natrij: 122 mg.

Fritata z gobami in špinačo Porcije: 4

Čas kuhanja: 30 minut

Sestavine:

6 jajc

1/4 skodelice (60 ml) mleka

3 žlice (45 ml) masla

2 skodelici (500 ml) mlade špinače

Sol in poper

1 skodelica naribanega čedar sira

1 čebula, narezana na tanke rezine

4 oz belih gob, narezanih

navodila:

1. Pečico segrejte na 180 °C (350 °F), rešetka naj bo v srednjem položaju. Pekač velikosti 20 cm (8") premažite z maslom. Odstavite.

2. V veliki skledi z metlico zmešajte jajca in mleko. Vmešajte sir. Začinimo s poprom in soljo. Odstavite skledo.

3. Na zmernem ognju v veliki ponvi proti prijemanju na maslu prepražite čebulo in nato gobe. Začinimo s poprom in soljo. Dodamo špinačo, ki jo ob stalnem mešanju kuhamo približno 1 minuto.

4. Zmes z gobami vlijemo v jajčno mešanico. Odstranite in prelijte v pekač. Fritato pečemo približno 25 minut ali dokler ne porjavi in rahlo napihne. Fritato narežemo na štiri kvadratke in jih z lopatko odstranimo s krožnika. Položimo jih na krožnik in voilà so pripravljeni za postrežbo tople ali hladne.

<u>Informacije o hranilni vrednosti:</u>Kalorije 123 Ogljikovi hidrati: 4 g Maščobe: 5 g Beljakovine: 15 g

Porcije sklede za zajtrk iz kvinoje: 6

Čas kuhanja: 0 minut

Sestavine:

Kvinoja, dve skodelici kuhane

Jajca, dvanajst

Grški jogurt, navaden, ena četrt skodelice

Sol, pol čajne žličke

Feta sir, ena skodelica

Češnjev paradižnik, pol litra, narezan na polovice

Črni poper, ena čajna žlička

Česen, mlet, ena čajna žlička

Mlada špinača, sesekljana, ena skodelica

Oljčno olje, ena čajna žlička

navodila:

1. Zmešajte jajca, sol, poper, česen, čebulo v prahu in jogurt. Špinačo in paradižnik pet minut kuhamo na oljčnem olju na zmernem ognju. Vlijemo

jajčno mešanico in mešamo, dokler se jajca ne strdijo do želene stopnje pečenja. Mešajte kvinojo in feto, dokler nista vroča. V hladilniku se hrani dva do tri dni.

Informacije o hranilni vrednosti:Kalorije 340 maščob 7,3 g ogljikovih hidratov 59,4 g vlaknin 6,2 g sladkorja 21,4 g beljakovin 10,5 g

Porcije jabolk s cimetom v počasnem kuhalniku: 6

Čas kuhanja: 4 ure

Sestavine:

8 jabolk (olupljenih, brez peščic)

2 žlički limoninega soka

2 žlički cimeta

½ žličke muškatnega oreščka

¼ skodelice kokosovega sladkorja

navodila:

1. Vse predmete dajte v lonec za počasno kuhanje.

2. Lonec za počasno kuhanje nastavite na nizko stopnjo za 3 do 4 ure.

3. Kuhajte, dokler se jabolka ne zmehčajo. Postrezite.

Informacije o hranilni vrednosti:Kalorije 136 Skupna maščoba: 0 g Ogljikovi hidrati: 36 g Beljakovine: 1 g Sladkor: 26 g Vlaknine 5 g Natrij: 6 mg Holesterol: 0 mg

Porcije polnozrnatega koruznega kruha: 8

Čas kuhanja: 35 minut

Sestavine:

Rumena polnozrnata koruzna moka – 1 skodelica

Bela polnozrnata moka - 1 skodelica

Jajce – 1

Datljeva pasta - 2 žlici

Ekstra deviško oljčno olje - 0,33 skodelice

Morska sol - 1 čajna žlička

Pecilni prašek - 1 žlica

Soda bikarbona - 0,5 čajne žličke

Mandljevo mleko - 1 skodelica

navodila:

1. Pečico segrejte na 400 stopinj Fahrenheita in pripravite osempalčni okrogel pekač ali litoželezno posodo za kruh. Pekač izdatno namastimo.

2. V posodi za mešanje zmešajte koruzni zdrob, polnozrnato moko, morsko sol in sredstva za vzhajanje, dokler se ne povežejo.

3. V ločeni kuhinjski mešalni posodi zmešajte preostale sestavine, dokler se ne povežejo. Dodajte mešanico moke, tako da oboje skupaj zmešate, dokler se ne združita.

4. Testo za koruzni kruh vlijte v pripravljen pekač in ga postavite v pečico, dokler ni zlato-rjave barve in popolnoma strjeno na sredini, približno petindvajset minut. Vzemite koruzni kruh iz pečice in pustite, da se ohladi pet minut, preden ga narežete.

Porcije paradižnikove omlete: 1

Čas kuhanja: 8 minut

Sestavine:

Jajca, dve

Bazilika, sveža, pol skodelice

Češnjev paradižnik, pol skodelice

Črni poper, ena čajna žlička

Sir, katere koli vrste, ena četrtina skodelice naribanega

Sol, pol čajne žličke

Oljčno olje, dve žlici

navodila:

1. Paradižnik narežemo na četrtine. Na olivnem olju ga pražimo tri minute. Paradižnik odložite na stran. V majhno skledo dajte jajca sol in poper ter jih dobro premešajte. Stepeno jajčno mešanico vlijemo v ponev in z lopatko nežno obdelamo robove pod omleto, tako da se jajca nepremično pražijo tri minute. Ko je sredinska tretjina jajčne mešanice še vedno tekoča, dodajte baziliko, paradižnik in sir. Polovico omlete prepognemo na drugo polovico. Kuhamo še dve minuti in postrežemo.

Informacije o hranilni vrednosti:Kalorije 342 ogljikovih hidratov 8 gramov beljakovin 20 gramov maščobe 25,3 grama

Rjavi sladkor, cimet, ovseni kosmiči: 4

Sestavine:

½ žličke mleti cimet

1 ½ žličke. čisti ekstrakt vanilje

¼ c. svetlo rjavi sladkor

2 c. mleko z nizko vsebnostjo maščob

1 1/3 c. hitri oves

navodila:

1. Odmerite mleko in vanilijo v srednje veliko ponev in zavrite na srednje močnem ognju.

2. Ko zavre, zmanjšajte toploto na srednje. Vmešajte oves, rjavi sladkor in cimet ter med mešanjem kuhajte 2–3 minute.

3. Postrezite takoj, po želji potresite še s cimetom.

Informacije o hranilni vrednosti: Kalorije: 208, maščobe: 3 g, ogljikovi hidrati: 38 g, beljakovine: 8 g, sladkorji: 15 g, natrij: 105 mg

Amarantova kaša s pečenimi hruškami Porcije: 2

Čas kuhanja: 30 minut

Sestavine:

¼ čajne žličke soli

2 žlici kosov pekana

1 čajna žlička čistega javorjevega sirupa

1 skodelica 0 % grškega jogurta za serviranje

Hruške

Kaša

½ skodelice nekuhanega amaranta

1/2 skodelice vode

1 skodelica 2% mleka

1 čajna žlička javorjevega sirupa

1 velika hruška

1/2 žličke mletega cimeta

1/4 žličke mletega ingverja

1/8 žličke mletega muškatnega oreščka

1/8 žličke mletih nageljnovih žbic

Pecan/Hruškov preliv

navodila:

1. Pečico segrejte na 400 °C.

2. Odcedite amarant in ga sperite. Zmešajte z vodo, eno skodelico mleka in soljo, zavrite amarant in ga zmanjšajte do vrenja.

Pokrijte in pustite kuhati 25 minut, da se amarant zmehča, vendar ostane nekaj tekočine. Odstavite z ognja in pustite, da se amarant zgosti še 5 do 10 minut. Po želji nanesite še malo mleka, da zgladite teksturo.

3. Dele orehov pekan premešajte z 1 žlico javorjevega sirupa.

Pražimo 10 do 15 minut, dokler se orehi ne popečejo in se javorjev sirup posuši. Ko so pekani pripravljeni, lahko postanejo razmeroma dišeči. Ko se ohladijo, so orehi hrustljavi.

4. Hruške skupaj z orehi pekan narežite na kocke in zmešajte s preostalo 1 čajno žličko javorjevega sirupa in začimbami. V pekaču pražimo 15 minut, da se hruške zmehčajo.

5. V kašo dodamo 3/4 pečenih hrušk. Jogurt razdelite v dve skledi in obložite s kašo, praženimi orehi in preostalimi koščki hrušk.

Informacije o hranilni vrednosti:Kalorije 55 Ogljikovi hidrati: 11 g Maščobe: 2 g Beljakovine: 0 g

Porcije čokolade s kurkumo: 2

Čas kuhanja: 5 minut

Sestavine:

1 skodelica kokosovega mleka, nesladkanega

2 žlički kokosovega olja, stopljenega

1½ žlice kakava v prahu

1 čajna žlička mlete kurkume

Ščepec črnega popra

Ščepec kajenskega popra

2 žlički surovega medu

navodila:

1. Mleko dajte v ponev, ga segrejte na zmernem ognju, dodajte olje, kakav v prahu, kurkumo, črni poper, kajenski papriko in med. Dobro premešamo, kuhamo 5 minut, prelijemo v skodelico in postrežemo.

2. Uživajte!

Informacije o hranilni vrednosti: kalorij 281, maščobe 12, vlaknine 4, ogljikovi hidrati 12, beljakovine 7

Swift & Spicy Energy Eggs Porcije: 1

Čas kuhanja: 3 minute

Sestavine:

1 žlica mleka

1-žlička stopljenega masla

2 kosa jajca

Posip zelišč in začimb: posušen koper, posušen origano, posušen peteršilj, posušen timijan in česen v prahu

navodila:

1. Pečico segrejte na 325°F. Medtem dno pekača premažemo z mlekom in maslom.

2. Jajca nežno razbijte nad premazom iz mleka in masla. Jajca potresemo s posušenimi zelišči in česnom v prahu.

3. Pekač postavite v pečico. Pečemo 3 minute ali dokler se jajca ne skuhajo.

<u>Informacije o hranilni vrednosti:</u>Kalorije 177 Maščobe: 5,9 g Beljakovine: 8,8 g Natrij: 157 mg Skupni ogljikovi hidrati: 22,8 g Prehranske vlaknine: 0,7 g

Sufleji iz čedarja in drobnjaka Porcije: 8

Čas kuhanja: 25 minut

Sestavine:

½ skodelice mandljeve moke

¼ skodelice sesekljanega drobnjaka

1 žlička soli

½ žličke ksantanskega gumija

1 žlička mlete gorčice

¼ žličke kajenskega popra

½ žličke mletega črnega popra

¾ skodelice težke smetane

2 skodelici naribanega cheddar sira

½ skodelice pecilnega praška

6 ekoloških jajc, ločenih

navodila:

1. Vklopite pečico, nato nastavite temperaturo na 350°F in pustite, da se segreje.

2. Vzemite srednjo skledo, vanjo dodajte moko, vanjo dodajte preostale sestavine, razen pecilnega praška in jajc, ter mešajte, dokler se ne združi.

3. Ločite rumenjake in beljake med dve skledi, dodajte rumenjake v mešanico moke in mešajte, dokler se ne premešajo.

4. Beljakom dodamo pecilni prašek in jih z električnim mešalnikom stepamo v trd sneg, nato pa beljake vmešamo v mešanico moke, da se dobro zmešajo.

5. Testo enakomerno porazdelite med osem ramekin in pecite 25 minut, dokler ni pečeno.

6. Postrezite takoj ali shranite v hladilniku, dokler ni pripravljeno za uživanje.

Informacije o hranilni vrednosti:Kalorije 288, skupna maščoba 21 g, skupni ogljikovi hidrati 3 g, beljakovine 14 g

Ajdove palačinke z vanilijevim mandljevim mlekom Porcije: 1

Sestavine:

½ c. nesladkanega vanilijevega mandljevega mleka

2-4 paketi naravnega sladila

1/8 žličke sol

½ skodelice ajdove moke

½ žličke dvojno delujoči pecilni prašek

navodila:

1. Pripravite neoprijemljivo rešetko za palačinke in jo poškropite s pršilom za kuhanje ter postavite na zmeren ogenj.

2. V manjši skledi zmešajte ajdovo moko, sol, pecilni prašek in stevijo ter nato vmešajte mandljevo mleko.

3. Na ponev zajemajte veliko žlico testa, kuhajte, dokler na površini ne prenehajo pokati mehurčki in je celotna površina videti suha in (2-4 minute). Obrnite in kuhajte še 2-4 minute. Ponovite z vsem preostalim testom.

Informacije o hranilni vrednosti:Kalorije: 240, maščobe: 4,5 g, ogljikovi hidrati: 2 g, beljakovine: 11 g, sladkorji: 17 g, natrij: 67 mg

Skodelice špinače in feta jajc Porcije: 3

Čas kuhanja: 25 minut

Sestavine:

Jajca, velika - 6

Črni poper, mlet - 0,125 čajne žličke

Čebula v prahu - 0,25 čajne žličke

Česen v prahu - 0,25 čajne žličke

Feta sir - 0,33 skodelice

Baby špinača - 1,5 skodelice

Morska sol - 0,25 čajne žličke

navodila:

1. Pečico segrejte na 350 stopinj Fahrenheita, rešetko postavite na sredino pečice in namastite pekač za mafine.

2. Razdelite mlado špinačo in feta sir na dno dvanajstih skodelic za mafine.

3. V skledi zmešajte jajca, morsko sol, česen v prahu, čebulo v prahu in črni poper, dokler se beljak popolnoma ne razgradi v rumenjaka. Špinačo in sir v posodicah za mafine prelijemo z jajcem, tako da posodice napolnimo do

treh četrtin. Pekač postavite v pečico, dokler jajca niso popolnoma pečena, približno osemnajst do dvajset minut.

4. Odstranite skodelice špinače in feta jajc iz pečice in postrezite tople ali pustite, da se jajca popolnoma ohladijo na sobni temperaturi, preden jih ohladite.

Obroki fritaje za zajtrk: 2

Čas kuhanja: 20 minut

Sestavine:

1 čebula, sesekljana

2 žlici sesekljane rdeče paprike

¼ funta puranje klobase za zajtrk, kuhane in zdrobljene 3 stepena jajca

Ščepec kajenskega popra

navodila:

1. Vse sestavine zmešajte v skledi.

2. Vlijemo v manjši pekač.

3. Dodajte pekač v košaro cvrtnika.

4. Kuhajte v cvrtniku 20 minut.

Porcije burrita s piščancem in kvinojo: 6

Čas kuhanja: 5 ur

Sestavine:

1 lb piščančjih beder (brez kože, brez kosti)

1 skodelica piščančje juhe

1 lahko vsebuje na kocke narezan paradižnik (14,5 oz)

1 čebula (sesekljana)

3 stroki česna (sesekljan)

2 žlički čilija v prahu

½ žličke koriandra

½ žličke česna v prahu

1 paprika (drobno sesekljana)

15 oz pinto fižol (odcejen)

1 ½ skodelice sira cheddar (nariban)

navodila:

1. Zmešajte piščanca, paradižnik, juho, čebulo, česen, čili v prahu, česen v prahu, koriander in sol. Štedilnik nastavite na majhen ogenj.

2. Odstranite piščanca in ga z vilicami in nožem razrežite na kose.

3. Piščanca postavite nazaj v počasen kuhalnik in dodajte kvinojo in pinto fižol.

4. Štedilnik pristavimo na majhen ogenj za 2 uri.

5. Na vrh dodajte sir in nadaljujte s kuhanjem ter nežno mešajte, dokler se sir ne stopi.

6. Postrezite.

Informacije o hranilni vrednosti:Kalorije 144 mg Skupna maščoba: 39 g Ogljikovi hidrati: 68 g Beljakovine: 59 g Sladkor: 8 g Vlaknine 17 g Natrij: 756 mg Holesterol: 144 mg

Avo toast z jajci Porcije: 3

Čas kuhanja: 0 minut

Sestavine:

1½ žličke gheeja

1 rezina kruha, brez glutena in popečena

½ avokada, narezanega na tanke rezine

Pest špinače

1 umešano ali poširano jajce

Kosmiči rdeče paprike

navodila:

1. Ghee namažite po popečenih kruhkih. Na vrh položite rezine avokada in liste špinače. Na vrh položimo umešano ali poširano jajce. Okras zaključite s kosmiči rdeče paprike.

Informacije o hranilni vrednosti:Kalorije 540 Maščobe: 18 g Beljakovine: 27 g Natrij: 25 mg Skupni ogljikovi hidrati: 73,5 g Prehranske vlaknine: 6 g

Porcije mandljevega ovsa: 2

Čas kuhanja: 0 minut

Sestavine:

1 skodelica staromodnega ovsa

½ skodelice kokosovega mleka

1 žlica javorjevega sirupa

¼ skodelice borovnic

3 žlice sesekljanih mandljev

navodila:

1. V skledi zmešajte oves s kokosovim mlekom, javorjevim sirupom in mandlji. Pokrijte in pustite stati čez noč. Postrezite naslednji dan.

2. Uživajte!

Informacije o hranilni vrednosti:kalorij 255, maščobe 9, vlaknine 6, ogljikovi hidrati 39, beljakovine 7

Choco-nana palačinke Porcije: 2

Čas kuhanja: 6 minut

Sestavine:

2 veliki banani, olupljeni in pretlačeni

2 veliki jajci, pašne reje

3 žlice kakava v prahu

2 žlici mandljevega masla

1 čajna žlička čistega vanilijevega ekstrakta

1/8 čajne žličke soli

Kokosovo olje za mazanje

navodila:

1. Ponev segrejte na srednje nizki temperaturi in ponev namastite s kokosovim oljem.

2. Vse sestavine dajte v kuhinjski robot in mešajte, dokler niso gladke.

3. Nalijte testo (približno ¼ skodelice) na ponev in oblikujte palačinko.

4. Pečemo 3 minute na vsaki strani.

Informacije o hranilni vrednosti:Kalorije 303 Skupne maščobe 17 g Nasičene maščobe 4 g Skupni ogljikovi hidrati 36 g Neto ogljikovi hidrati 29 g Beljakovine 5 g Sladkor: 15 g Vlaknine: 5 g Natrij: 108 mg Kalij 549 mg

Ovsene ploščice sladkega krompirja Porcije: 6

Čas kuhanja: 35 minut

Sestavine:

Sladki krompir, kuhan, pire – 1 skodelica

Mandljevo mleko, nesladkano - 0,75 skodelice

Jajce – 1

Datljeva pasta - 1,5 žlice

Ekstrakt vanilije - 1,5 čajne žličke

Soda bikarbona – 1 čajna žlička

Cimet, zmlet - 1 čajna žlička

Nageljnove žbice, zmlete - 0,25 čajne žličke

Mleti muškatni oreček - 0,5 čajne žličke

Ingver, zmlet - 0,5 čajne žličke

Laneno seme, zmleto - 2 žlici

Beljakovine v prahu – 1 porcija

Kokosova moka - 0,25 skodelice

Ovsena moka - 1 skodelica

Posušen kokos, nesladkan - 0,25 skodelice

Pecans, sesekljan - 0,25 skodelice

navodila:

1. Pečico segrejte na 375 stopinj Fahrenheita in kvadratni pekač velikosti 8 krat 8 palcev obložite s kuhinjskim pergamentom. Pustite nekaj pergamentnega papirja, ki visi čez stranice pekača, da ga dvignete, ko so palice pečene.

2. V svoj stoječi mešalnik dodajte vse sestavine za ovsene ploščice iz sladkega krompirja, razen posušenega kokosa in sesekljanih pekan orehov.

Pustite, da zmes utripa nekaj trenutkov, dokler ni zmes gladka, nato pa ustavite mešalnik. Morda boste morali stranice mešalnika strgati navzdol in nato znova zmešati.

3. Kokos in pekanove orehe vlijemo v testo in ju nato z lopatko vmešamo. Mešanice ne mešajte znova, saj ne želite, da se ti deli zmešajo. Mešanico ovsenih ploščic iz sladkega krompirja vlijte v pripravljen pekač in jo razporedite.

4. Posodo z ovsenimi ploščicami iz sladkega krompirja postavite na sredino pečice in pustite, da se pečejo, dokler se ploščice ne strdijo, približno dvaindvajset

do petindvajset minut. Pekač vzamemo iz pečice. Zraven pekača postavite rešetko za hlajenje, nato pa kuhinjski pergament nežno primite za previs in ga previdno dvignite s posode na rešetko, da se ohladi. Pustite, da se ovsene ploščice sladkega krompirja popolnoma ohladijo, preden jih narežete.

Easy-peasy Hash Browns Obroki: 3

Čas kuhanja: 35 minut

Sestavine:

Zmrznjeni zdrobljeni rjavi kosmiči – 1 funt

Jajca – 2

Morska sol - 0,5 čajne žličke

Česen v prahu - 0,5 čajne žličke

Čebula v prahu - 0,5 čajne žličke

Črni poper, mlet - 0,125 čajne žličke

Ekstra deviško oljčno olje - 1 žlica

navodila:

1. Začnite s segrevanjem pekača za vaflje.

2. V kuhinjski skledi stepemo jajca, da razpadejo, nato pa jim dodamo preostale sestavine. Vse skupaj zložite, dokler krompir enakomerno ne prekrijejo jajce in začimbe.

3. Namastite pekač za vaflje in nanj razporedite eno tretjino zmesi rjave barve. Zaprite in pustite, da se krompir v notranjosti kuha do zlato rjave

barve, približno dvanajst do petnajst minut. Ko se spusti, z vilicami nežno odstranite rjavo barvo in nato nadaljujte s kuhanjem druge tretjine mešanice in nato zadnje tretjine.

4. Kuhane hrustljave piškote lahko shranite v hladilniku in jih nato pogrejete v pekaču za vaflje ali v pečici, da bodo kasneje ponovno hrustljavi.

Fritata s šparglji in gobami Porcije: 1

Čas kuhanja:

Sestavine:

Jajca – 2

Kolice špargljev – 5

Voda - 1 žlica

Ekstra deviško oljčno olje - 1 žlica

Šampinjoni, narezani – 3

Morska sol - ščepec

Zelena čebula, sesekljana - 1

Kozji sir, polmehki - 2 žlici

navodila:

1. Med pripravo fritaje segrejte pečico na nastavitvi brojlerjev. Pripravite zelenjavo tako, da špargljem odstranite trde konice in jih nato narežete na majhne koščke.

2. Namastite 7- do 8-palčno ponev, primerno za pečico, in jo postavite na srednji ogenj. Dodajte gobe in jih pustite, da se dušijo dve minuti, nato pa

dodajte šparglje in kuhajte še dodatni dve minuti. Ko so praženi, zelenjavo enakomerno porazdelimo po dnu ponve.

3. V manjši kuhinjski mešalni posodi zmešajte jajca, vodo in morsko sol ter prelijte k dušeni zelenjavi. Po vrhu fritate potresemo sesekljano zeleno čebulo in nadrobljen kozji sir.

4. Pustite, da se ponev še naprej kuha na štedilniku, ne da bi vas motili, dokler se umešana jajca iz fritate ne začnejo strjevati po robovih in umikati stran od sten ponve. Ponev previdno dvignemo in z nežnimi krožnimi gibi obračamo, da se jajce enakomerno skuha.

5. Fritato prenesite v pečico in kuhajte pod kotlom, dokler ni jajce popolnoma kuhano, še dve do tri minute. Pozorno pazite na jajce za vašo fritajo, da se ne skuha preveč. Takoj, ko je pečena, vzemite iz pečice, fritajo preložite na krožnik in uživajte vročo.

Enolončnica s francoskim toastom v počasnem kuhalniku: 9

Čas kuhanja: 4 ure

Sestavine:

2 jajci

2 beljaka

1 ½ mandljevega mleka ali 1 % mleka

2 žlici surovega medu

1/2 žličke cimeta

1 žlička vanilijevega ekstrakta

9 rezin kruha

Za polnjenje:

3 skodelice jabolk (na kocke)

2 žlici surovega medu

1 žlica limoninega soka

1/2 žličke cimeta

1/3 skodelice pekanov

navodila:

1. Prvih šest izdelkov dajte v skledo in premešajte.

2. Počasni štedilnik namastite s pršilom za kuhanje proti prijemanju.

3. Združite vse sestavine nadeva v majhni skledi in odstavite. Jabolčne koščke pravilno obložimo v nadev.

4. Rezine kruha prerežemo na pol (trikotnik), nato na dno položimo tri jabolčne rezine in čez nekaj nadeva. Rezine kruha in nadev položite po istem vzorcu.

5. Jajčno maso nanesite na plasti kruha in nadev.

6. Štedilnik postavite na močan ogenj za 2 uri in pol ali na nizek ogenj za 4 ure.

Informacije o hranilni vrednosti:Kalorije 227 Skupna maščoba: 7 g Ogljikovi hidrati: 34 g Beljakovine: 9 g Sladkor: 19 g Vlaknine 4 g Natrij: 187 mg

Puran s klobaso iz timijana in žajblja Porcije: 4

Čas kuhanja: 25 minut

Sestavine:

1-lb mletega purana

½ žličke cimeta

½ žličke česna v prahu

1-žlička svežega rožmarina

1-žlička svežega timijana

1-žlička morske soli

2 žlički svežega žajblja

2 žlici kokosovega olja

navodila:

1. Vse sestavine, razen olja, zmešajte v posodi za mešanje.

Hladite čez noč ali za 30 minut.

2. V mešanico vlijemo olje. Zmes oblikujemo v štiri polpete.

3. V rahlo pomaščeni ponvi, ki jo postavite na zmeren ogenj, pecite polpete 5 minut na vsaki strani ali dokler njihova sredina ni več rožnata. Lahko jih skuhate tudi v pečici 25

minut pri 400°F.

<u>Informacije o hranilni vrednosti:</u>Kalorije 284 Maščobe: 9,4 g Beljakovine: 14,2 g Natrij: 290 mg Skupni ogljikovi hidrati: 36,9 g Prehranske vlaknine: 0,7 g

Češnjev špinačni smoothie Porcije: 1

Čas kuhanja: 0 minut

Sestavine:

1 skodelica navadnega kefirja

1 skodelica zamrznjenih češenj brez koščic

½ skodelice listov mlade špinače

¼ skodelice zmečkanega zrelega avokada

1 žlica mandljevega masla

1 kos olupljenega ingverja (1/2 palca)

1 čajna žlička chia semen

navodila:

1. Vse sestavine dajte v mešalnik. Pulzirajte, dokler ni gladko.

2. Pustite, da se ohladi v hladilniku, preden postrežete.

Informacije o hranilni vrednosti: Kalorije 410 Skupna maščoba 20 g Skupno ogljikovi hidrati 47 g Neto ogljikovi hidrati 37 g Beljakovine 17 g Sladkor 33 g Vlaknine: 10 g Natrij: 169 mg

Porcije krompirja za zajtrk: 2

Čas kuhanja: 15 minut

Sestavine:

5 krompirjev, narezanih na kocke

1 žlica olja

½ čajne žličke česna v prahu

¼ čajne žličke popra

½ čajne žličke dimljene paprike

navodila:

1. Cvrtnik predgrejte na 400 stopinj F za 5 minut.

2. Krompir stresemo v olje.

3. Začinite s česnom v prahu, poprom in papriko.

4. Dodajte krompir v košaro cvrtnika.

5. Kuhajte v cvrtniku 15 minut.

Porcije instant bananinih ovsenih kosmičev: 1

Sestavine:

1 pretlačena zrela banana

½ c. vodo

½ c. hitri oves

navodila:

1. Odmerite oves in vodo v skledo, primerno za mikrovalovno pečico, in premešajte, da se združita.

2. Posodo postavite v mikrovalovno pečico in segrevajte pri visoki temperaturi 2 minuti.

3. Odstranite posodo iz mikrovalovne pečice in vanjo vmešajte pretlačeno banano ter uživajte.

<u>Informacije o hranilni vrednosti:</u>Kalorije: 243, maščobe: 3 g, ogljikovi hidrati: 50 g, beljakovine: 6 g, sladkorji: 20 g, natrij: 30 mg

Smoothie z mandljevim maslom in banano

Porcije: 1

Sestavine:

1 žlica mandljevo maslo

½ c. ledene kocke

½ c. pakirana špinača

1 olupljena in zamrznjena srednja banana

1 c. mleko brez maščobe

navodila:

1. V močnem mešalniku zmešajte vse sestavine, dokler niso gladke in kremaste.

2. Postrezite in uživajte.

Informacije o hranilni vrednosti:Kalorije: 293, maščobe: 9,8 g, ogljikovi hidrati: 42,5 g, beljakovine: 13,5

g, sladkorji: 12 g, natrij: 111 mg

Čokoladne chia energijske ploščice brez pečenja

Porcije: 14

Čas kuhanja: 0 minut

Sestavine:

1 ½ skodelice pakiranih datljev brez koščic

1/skodelica nesladkanega naribanega kokosa

1 skodelica koščkov surovih orehov

1/4 skodelice (35 g) naravnega kakava v prahu

1/2 skodelice (75 g) celih chia semen

1/2 skodelice (70 g) sesekljane temne čokolade

1/2 skodelice (50 g) ovsa

1 čajna žlička čistega vanilijevega ekstrakta, neobvezno, izboljša okus 1/4 čajne žličke nerafinirane morske soli

navodila:

1. Datlje pretlačite v mešalniku, dokler ne nastane gosta pasta.

2. Dodajte orehe in premešajte, da se premeša.

3. Dodamo preostanek zmesi in mešamo dokler ne nastane gosto testo.

4. Pravokoten pekač obložite s peki papirjem. Zmes tesno položite v pekač in jo položite naravnost v vse vogale.

5. Postavite v zamrzovalnik do polnoči, vsaj za nekaj ur.

6. Dvignemo iz ponve in narežemo na 14 trakov.

7. Postavite v hladilnik ali nepredušno posodo.

Informacije o hranilni vrednosti:Sladkor 17 g Maščoba: 12 g Kalorije: 234 Ogljikovi hidrati: 28 g Beljakovine: 4,5 g

Porcije sklede za zajtrk s sadnim lanenim semenom: 1

Čas kuhanja: 5 minut

Sestavine:

Za kašo:

¼ skodelice lanenih semen, sveže mletih

¼-žličke cimeta, mletega

1 skodelica mandljevega ali kokosovega mleka

1 srednja banana, pretlačena

Ščepec drobnozrnate morske soli

Za prelive:

Borovnice, sveže ali odmrznjene

Orehi, sesekljani surovi

Čisti javorjev sirup (neobvezno)

navodila:

1. V srednje veliki ponvi, ki jo postavite na srednji ogenj, zmešajte vse sestavine za kašo. Nenehno mešajte 5 minut ali dokler se kaša ne zgosti in počasi zavre.

2. Kuhano kašo preložimo v servirno skledo. Okrasite z dodatki in po želji prelijte z malo javorjevega sirupa.

Informacije o hranilni vrednosti:Kalorije 780 Maščobe: 26 g Beljakovine: 39 g Natrij: 270 mg Skupni ogljikovi hidrati: 117,5 g

Ovseni kosmiči za zajtrk v počasnem kuhalniku

Porcije: 8

Sestavine:

4 c. mandljevo mleko

2 paketa stevije

2 c. jekleno rezan oves

1/3 c. sesekljane suhe marelice

4 c. vodo

1/3 c. suhe češnje

1 čajna žlička cimet

1/3 c. rozine

navodila:

1. V počasnem kuhalniku dobro premešajte vse sestavine.

2. Pokrijte in nastavite na nizko.

3. Kuhamo 8 ur.

4. To lahko nastavite večer prej, tako da imate zjutraj pripravljen zajtrk.

Informacije o hranilni vrednosti:Kalorije: 158,5, maščobe: 2,9 g, ogljikovi hidrati: 28,3 g, beljakovine: 4,8

g, sladkorji: 11 g, natrij: 135 mg

Porcije kruha Pumpernickel: 12

Čas kuhanja: 2 uri, 30 minut

Sestavine:

Pumpernickel moka - 3 skodelice

Polnozrnata moka - 1 skodelica

Koruzna moka - 0,5 skodelice

Kakav v prahu - 1 žlica

Aktivni posušeni kvas - 1 žlica

Semena kumine - 2 žlički

Morska sol - 1,5 čajne žličke

Voda, topla - 1,5 skodelice, razdeljena

Datljeva pasta – 0,25 skodelice, razdeljeno

Avokadovo olje - 1 žlica

Sladki krompir, pire - 1 skodelica

Jajčno pranje – 1 jajčni beljak + 1 žlica vode

navodila:

1. Pripravite pekač za štruco velikosti 9 krat 5 palcev tako, da ga obložite s kuhinjskim pergamentom in nato rahlo namastite.

2. V ponvi zmešajte eno skodelico vode skupaj s koruzno moko, dokler ni vroča in gosta, približno pet minut. Pazite, da med segrevanjem nadaljujete z mešanjem, da preprečite grudice. Ko se zgosti, ponev odstavite z ognja in vanjo vmešajte datljevo pasto, kakav v prahu, semena kumine in avokadovo olje. Ponev odstavimo, dokler se vsebina ne ohladi do mlačnega.

3. Dodajte preostalo pol skodelice tople vode v veliko kuhinjsko posodo za mešanje skupaj s kvasom in mešajte, dokler se kvas ne raztopi. Pustite to mešanico za kruh pumpernickel stati približno deset minut, dokler ne zacveti in nastanejo napihnjeni mehurčki.

To je najbolje narediti na toplem mestu.

4. Ko kvas vzcveti, dodajte mlačno vodno mešanico koruznega zdroba v posodo za mešanje skupaj s pretlačenim sladkim krompirjem.

Ko se tekočina in krompir združita, vmešajte polnozrnato moko in moko pumpernickel. Zmes gnetemo deset minut, najbolje s stojnim mešalnikom in kavljem za testo. Testo je pripravljeno

ko se oblikuje kohezivna krogla, ki je gladka in se odmika od robov posode za mešanje.

5. Odstranite kavelj za testo in posodo za mešanje pokrijte s kuhinjsko plastiko ali čisto vlažno kuhinjsko krpo. Kuhinjsko posodo za mešanje postavite na toplo, da vzhaja, dokler se testo ne podvoji – približno eno uro.

6. Pečico segrejte na 375 stopinj Fahrenheita, da pripravite štruco kruha.

7. Testo oblikujte v lepo poleno in ga položite v pripravljen pekač. Razžvrkljajte jajčno maso in jo nato s čopičem za pecivo rahlo premažite po vrhu pripravljene štruce. Če želite, z ostrim nožem zarežite štruco za okrasni dizajn.

8. Hlebček postavite na sredino vroče pečice in pustite, da se peče, dokler ni čudovite temne barve in ko potrkate po njem, se zasliši votli zvok - približno eno uro. Odstranite štruco kruha pumpernickel iz pečice in pustite, da se ohlaja v pekaču pet minut, preden kruh odstranite iz pekača in prestavite štruco na rešetko, da se še naprej ohlaja. Hlebca ne režite, dokler ni popolnoma ohlajen.

Chia puding s kokosom in malinami: 4

Čas kuhanja: 0 minut

Sestavine:

¼ skodelice chia semen

½ žlice stevije

1 skodelica kokosovega mleka, nesladkanega, polnomastnega

2 žlici mandljev

¼ skodelice malin

navodila:

1. Vzemite veliko skledo, vanjo dodajte chia semena skupaj s stevijo in kokosovim mlekom, mešajte, dokler se ne zmeša in čez noč postavite v hladilnik, dokler se ne zgosti.

2. Puding vzamemo iz hladilnika, ga potresemo z mandlji in jagodami ter postrežemo.

Informacije o hranilni vrednosti:Kalorije 158, skupna maščoba 14,1 g, skupni ogljikovi hidrati 6,5 g, beljakovine 2 g, sladkor 3,6 g, natrij 16 mg

Obroki solate za vikend zajtrk: 4

Čas kuhanja: 0 minut

Sestavine:

Jajca, štiri trdo kuhana

Limona, ena

Rukola, deset skodelic

Kvinoja, ena skodelica kuhana in ohlajena

Oljčno olje, dve žlici

Koper, sesekljan, pol skodelice

Mandlji, sesekljani, ena skodelica

Avokado, ena velika tanka rezina

Kumare, sesekljane, pol skodelice

Paradižnik, en velik rez na kolesca

navodila:

1. Zmešajte kvinojo, kumaro, paradižnik in rukolo. Te sestavine rahlo premešajte skupaj z oljčnim oljem, soljo in poprom. Prenesite in po vrhu

razporedite jajce in avokado. Vsako solato potresemo z mandlji in zelišči. Pokapljamo z limoninim sokom.

Informacije o hranilni vrednosti:Kalorije 336 maščob 7,7 g beljakovin 12,3 g ogljikovih hidratov 54,6 g sladkorja 5,5 g vlaknin 5,2 g

Okusni sirasti vegetarijanski riž z brokolijem in cvetačo

Obroki: 2

Čas kuhanja: 7 minut

Sestavine:

½ skodelice cvetov brokolija, riža

1½ skodelice cvetov cvetače, riža

¼ žličke česna v prahu

¼ žličke soli

¼ žličke mletega črnega popra

1/8 žličke mletega muškatnega oreščka

½ žlice nesoljenega masla

1/8 skodelice mascarpone sira

¼ skodelice naribanega ostrega cheddar sira

navodila:

1. Vzemite srednje toplotno odporno skledo, vanjo dodajte vse sestavine, razen maskarponeja in čedar sira, ter mešajte, dokler se ne zmešajo.

2. Skledo postavite v mikrovalovno pečico, segrejte v mikrovalovni pečici pri visoki temperaturi 5 minut, nato dodajte sir in nadaljujte s kuhanjem 2 minuti.

3. Dodajte mascarpone sir v skledo, mešajte, dokler ni kremast in takoj postrezite.

Informacije o hranilni vrednosti:Kalorije 138, skupna maščoba 9,8 g, skupni ogljikovi hidrati 6,6 g, beljakovine 7,5 g, sladkor 2,4 g, natrij 442 mg

Porcije sredozemskega toasta: 2

Sestavine:

1 ½ čajne žličke. zdrobljena feta z manj maščobe

3 narezane grške olive

¼ pretlačenega avokada

1 rezina dobrega polnozrnatega kruha

1 žlica humus pečene rdeče paprike

3 narezane češnjeve paradižnike

1 narezano trdo kuhano jajce

navodila:

1. Najprej popeci kruh in ga prelij s ¼ pretlačenega avokada in 1 žlica humusa.

2. Dodajte češnjeve paradižnike, olive, trdo kuhano jajce in feto.

3. Po okusu začinimo s soljo in poprom.

Informacije o hranilni vrednosti:Kalorije: 333,7, maščobe: 17 g, ogljikovi hidrati: 33,3 g, beljakovine: 16,3

g, sladkorji: 1 g, natrij: 700 mg

Porcije solate za zajtrk s sladkim krompirjem: 2

Čas kuhanja: 0 minut

Sestavine:

1 merica beljakovin v prahu

¼ skodelice borovnic

¼ skodelice malin

1 banana, olupljena

1 sladki krompir, pečen, olupljen in narezan na kocke

navodila:

1. Krompir damo v skledo in ga pretlačimo z vilicami. Dodamo banano in beljakovine v prahu ter vse skupaj dobro premešamo. Dodamo jagode, premešamo in postrežemo hladno.

2. Uživajte!

Informacije o hranilni vrednosti:kalorij 181, maščobe 1, vlaknine 6, ogljikovi hidrati 8, beljakovine 11

Skodelice Faux Breakfast Hash Brown Porcije: 8

Sestavine:

40 g na kocke narezane čebule

8 velikih jajc

7 ½ g česna v prahu

2 ½ g popra

170 g naribanega nemastnega sira

170 g naribanega sladkega krompirja

2 ½ g soli

navodila:

1. Pečico segrejte na 400 0F in pripravite pekač za mafine s podlogami.

2. V skledo dajte nariban sladki krompir, čebulo, česen in začimbe ter dobro premešajte, preden v vsako skodelico daste eno žlico. Na vsako skodelico dodajte eno veliko jajce in nadaljujte s peko 15 minut, dokler jajca niso kuhana.

3. Postrezite sveže ali shranite.

Informacije o hranilni vrednosti: Kalorije: 143, maščobe: 9,1 g, ogljikovi hidrati: 6 g, beljakovine: 9 g, sladkorji: 0 g, natrij: 290 mg

Špinačna gobova omleta Porcije: 2

Sestavine:

2 žlici. Olivno olje

2 cela jajca

3 c. špinača, sveža

Sprej za kuhanje

10 narezanih gob Baby Bella

8 žlic. Narezana rdeča čebula

4 beljaki

2 oz. kozji sir

navodila:

1. Postavite ponev na srednje močan ogenj in dodajte olive.

2. V ponev dodajte narezano rdečo čebulo in mešajte, dokler ne postekleni.

Nato dodajte gobe v ponev in mešajte, dokler niso rahlo rjave.

3. Dodajte špinačo in mešajte, dokler ne oveni. Začinimo z drobnim poprom in soljo. Odstranite z ognja.

4. Majhno ponev poškropite s pršilom za kuhanje in postavite na srednji ogenj.

5. V majhno skledo razbijte 2 celi jajci. Dodamo 4 beljake in stepamo, da se združijo.

6. Stepena jajca vlijemo v majhno ponev in pustimo mešanico stati minuto.

7. Z lopatico se nežno potegnite po robovih ponve.

Dvignite ponev in jo nagnite navzdol in okrog v krožnem slogu, da omogočite tekočim jajcem, da dosežejo sredino in se spečejo okoli robov ponve.

8. Dodajte zdrobljen kozji sir na stran vrha omlete z mešanico gob.

9. Nato drugo stran omlete z lopatko nežno prepognemo čez stran z gobami.

10. Pustite kuhati trideset sekund. Nato omleto prestavimo na krožnik.

<u>Informacije o hranilni vrednosti:</u>Kalorije: 412, maščobe: 29 g, ogljikovi hidrati: 18 g, beljakovine: 25 g, sladkorji: 7 g, natrij: 1000 mg

Solatni zavitki s piščancem in zelenjavo Porcije: 2

Čas kuhanja: 15 minut

Sestavine:

½ žlice nesoljenega masla

¼ lb mletega piščanca

1/8 skodelice bučke, sesekljane

¼ zelene paprike, brez semen in narezane

1/8 skodelice rumene buče, sesekljane

¼ srednje velike čebule, sesekljane

½ žličke mletega česna

Sveže mlet črni poper, po okusu

¼ žličke karija v prahu

½ žlice sojine omake

2 velika lista zelene solate

½ skodelice naribanega parmezana

navodila:

1. Vzemite ponev, jo postavite na srednji ogenj, vanjo dodajte maslo in piščanca, ga razdrobite in kuhajte približno 5 minut, dokler piščanec ni več rožnat.

2. Nato dodajte bučke, papriko, bučo, čebulo in česen v ponev, mešajte, dokler se ne zmeša in kuhajte 5 minut.

3. Nato začinite s črnim poprom in karijem, pokapljajte s sojino omako, dobro premešajte in nadaljujte s kuhanjem 5 minut, odstavite, dokler ni potrebno.

4. Sestavite zavitke in za to enakomerno porazdelite piščančjo mešanico na vrh vsakega lista solate, nato potresite s sirom in postrezite.

5. Za pripravo obroka postavite piščančjo mešanico v nepredušno posodo in hladilnik za največ dva dni.

6. Ko ste pripravljeni za uživanje, ponovno segrejte piščančjo mešanico v mikrovalovni pečici, dokler ni vroča, nato jo dodajte na liste zelene solate in postrezite.

Informacije o hranilni vrednosti:Kalorije 71, skupna maščoba 6,7 g, skupni ogljikovi hidrati 4,2 g, beljakovine 4,8 g, sladkor 30,5 g, natrij 142 mg

Kremasta skleda s cimetom in banano Porcije: 1

Čas kuhanja: 3 minute

Sestavine:

1 velika zrela banana

¼-žličke cimeta, mletega

Ščepec keltske morske soli

2 žlici kokosovega masla, stopljenega

Dodatki po vaši izbiri: sadje, semena ali oreščki<u>navodila:</u>

1. Banano pretlačite v skledi mešalnika. Dodajte cimet in keltsko morsko sol. Dati na stran.

2. V kozici na majhnem ognju segrejte kokosovo maslo.

Zajemajte toplo maslo v mešanico banan.

3. Za serviranje potresite svoje najljubše sadje, semena ali oreščke.

<u>Informacije o hranilni vrednosti:</u>Kalorije 564 Maščobe: 18,8 g Beljakovine: 28,2 g Natrij: 230 mg Skupni ogljikovi hidrati: 58,2 g Prehranske vlaknine: 15,9 g

Porcije dobrih žit z brusnicami in cimetom: 2

Čas kuhanja: 35 minut

Sestavine:

1 skodelica žitaric (amarant, ajda ali kvinoja po izbiri) 2½ skodelice kokosove vode ali mandljevega mleka

1 palčka cimeta

2 kosa celih nageljnovih žbic

1 janežev strok (neobvezno)

Sveže sadje: jabolka, robide, brusnice, hruške ali kaki

Javorjev sirup (neobvezno)

navodila:

1. Zrna, kokosovo vodo in začimbe zavrite v ponvi. Pokrijte, nato znižajte toploto na srednje nizko. Dušite v 25 minutah.

2. Za serviranje zavrzite začimbe in obložite sadne rezine. Po želji pokapljamo z javorjevim sirupom.

Informacije o hranilni vrednosti:Kalorije 628 Maščobe: 20,9 g Beljakovine: 31,4 g Natrij: 96 mg Skupni ogljikovi hidrati: 112,3 g Prehranske vlaknine: 33,8 g

Obroki omlet za zajtrk: 2

Čas kuhanja: 10 minut

Sestavine:

2 jajci, pretepeni

1 steblo zelene čebule, sesekljano

½ skodelice gob, narezanih

1 rdeča paprika, narezana na kocke

1 čajna žlička zeliščne začimbe

navodila:

1. V skledi stepemo jajca. Primešamo še ostale sestavine.

2. Jajčno mešanico vlijemo v manjši pekač. Dodajte ponev v košaro cvrtnika.

3. Kuhajte v košari cvrtnika pri 350 stopinjah F 10 minut.

Informacije o hranilni vrednosti:Kalorije 210 Ogljikovi hidrati: 5 g Maščobe: 14 g Beljakovine: 15 g

Porcije polnozrnatega sendvič kruha: 12

Čas kuhanja: 3 ure, 20 minut

Sestavine:

Bela polnozrnata moka - 3,5 skodelice

Ekstra deviško oljčno olje - 0,25 skodelice

Datljeva pasta - 0,25 skodelice

Mleko po izbiri, toplo – 1,125 skodelice

Morska sol - 1,25 čajne žličke

Aktivni posušeni kvas - 2,5 čajne žličke

navodila:

1. Pripravite pekač za štruco velikosti 9 krat 5 palcev tako, da ga obložite s kuhinjskim pergamentom in nato rahlo namastite.

2. V veliki kuhinjski mešalni posodi z lopatko zmešajte vse sestavine. Ko je vsebina premešana, pustite počivati trideset minut.

3. Začnite gnetiti testo, dokler ni mehko, raztegljivo in voljno –

približno sedem minut. To lahko naredite ročno, vendar je najpreprostejši način z uporabo stoječega mešalnika in kavlja za testo.

4. Zgneteno testo položite v posodo, ki ste jo prej uporabili, posodo za mešanje pokrijte s kuhinjsko plastiko ali čisto vlažno kuhinjsko krpo na toplem, da vzhaja, dokler se ne podvoji, približno uro ali dve.

5. Nežno preluknjajte testo in ga oblikujte v lepo poleno, preden ga položite v pripravljen pekač. Pekač pokrijemo s prej uporabljeno plastiko ali brisačo in pustimo vzhajati na toplem, dokler se ne podvoji, še uro ali dve.

6. Ko je kruh skoraj vzhajan, segrejte pečico na 350 stopinj Fahrenheita.

7. Odstranite pokrov z vzhajane štruce kruha in postavite štruco na sredino vroče pečice. Čez štruco previdno položimo aluminijasto folijo, ne da bi jo izpraznili, da ne porjavi prehitro. Pustite, da se kruh na ta način peče petintrideset do štirideset minut, preden odstranite folijo in nadaljujete s peko kruha dvajset minut. Kruh je pripravljen, ko je čudovite zlate barve in ko potrkate po njem zazveni votlo.

8. Pustite, da se polnozrnati sendvič kruh pet minut ohlaja v pekaču, preden ga odstranite iz kovine in prestavite na rešetko, da se ohladi. Pustite, da se kruh popolnoma ohladi, preden ga narežete.

Narezan piščančji giros

Sestavine:

2 srednji čebuli, narezani

6 strokov česna, mletega

1 čajna žlička arome limona-poper

1 čajna žlička posušenega origana

1/2 čajne žličke mletega pimenta

1/2 skodelice vode

1/2 skodelice limoninega soka

1/4 skodelice rdečega vinskega kisa

2 žlici olivnega olja

2 funta piščančjih nedrčkov brez kosti in kože

8 celih pita kruhkov

Dodatki po lastni presoji: Tzatziki omaka, natrgan roman in narezan paradižnik, kumare in čebula

navodila:

1. V 3-qt. počasni kuhalnik, utrdite začetnih 9 pritrdilnih elementov; vključite piščanca. Kuhajte pri nizki temperaturi 3-4 ure ali dokler piščanec ni občutljiv (termometer naj bo na vsakem koraku 165°).

2. Iz zmernega štedilnika odstranite piščanca. Raztrgajte z 2 vilicama; vrni se v počasni kuhalnik. S kleščami položite piščančjo mešanico na pita kruhke. Predstavite z okraski.

Porcije juhe iz sladkega krompirja: 6

Čas kuhanja: 15 minut

Sestavine:

2 žlici oljčnega olja

1 srednja čebula, sesekljana

1 pločevinka zelenega čilija

1 čajna žlička mlete kumine

1 čajna žlička mletega ingverja

1 čajna žlička morske soli

4 skodelice sladkega krompirja, olupljenega in narezanega 4 skodelice organske zelenjavne juhe z nizko vsebnostjo natrija 2 žlici svežega cilantra, mletega

6 žlic grškega jogurta

navodila:

1. V velikem loncu za juho segrejte olivno olje na zmernem ognju. Dodamo čebulo in pražimo do mehkega. Dodajte zeleni čili in začimbe ter kuhajte 2 minuti.

2. Vmešajte sladki krompir in zelenjavno juho ter zavrite.

3. Dušite v 15 minutah.

4. Vmešajte mleti koriander.

5. Polovico juhe zmiksajte do gladkega. Postavimo nazaj v lonec s preostalo juho.

6. Po želji začinite z dodatno morsko soljo in prelijte s kepico grškega jogurta.

<u>Informacije o hranilni vrednosti:</u>Skupni ogljikovi hidrati 33 g Prehranske vlaknine: 5 g Beljakovine: 6 g Skupna maščoba: 5 g Kalorije: 192

Sestavine za kvinojin burrito sklede:

1 formula Cilantro limeta kvinoja

Za temni fižol:

1 pločevinka temnega fižola

1 čajna žlička mlete kumine

1 čajna žlička posušenega origana

sol, po okusu

Za češnjev paradižnik pico de gallo:

1 suh 16 unč češnjev ali grozdnih paradižnikov, na četrtine narezan 1/2 skodelice na kocke narezane rdeče čebule

1 žlica mletega jalapeno popra (rebra in semena odstranimo, kadarkoli želimo)

1/2 skodelice nasekljanega hrustljavega cilantra

2 žlici limetinega soka

sol, po okusu

Za pritrditve:

narezane sušene jalapeno

1 avokado, narezan na kocke

navodila:

1. Pripravite kvinojo s cilantro limeto in jo hranite na toplem.

2. V majhni posodi za omako zmešajte temni fižol in njegovo tekočino s kumino in origanom na srednji temperaturi. Občasno mešajte, dokler fižol ni vroč. Okusite in dodajte sol, kadarkoli želite.

3. Elemente za češnjev paradižnik pico de gallo združite v skledo in dobro pretlačite.

4. Če želite nabrati sklede za burrito, razdelite kvinojo s koriandrovo limeto med štiri jedi. Vsakemu dodajte četrtino temnega fižola. Na vrh dajte češnjev paradižnik pico de gallo, narezane vložene jalapeno in avokado.

Cenim!

5. Opomba:

6. Vse sestavine teh jedi lahko pripravite zgodaj in jih naberete, ko jih pripravite za uživanje. Kvinojo in fižol lahko pogrejete ali pa ju cenite na sobni temperaturi. Všeč mi je, da segmente pripravim ves konec tedna, da lahko med tednom za kosilo cenim sklede za burrito s kvinojo.

Brokolini z mandlji Porcije: 6

Čas kuhanja: 5 minut

Sestavine:

1 svež rdeči čili, očiščen in drobno sesekljan 2 šopka brokolija, narezana

1 žlica ekstra deviškega oljčnega olja

2 stroka česna, narezana na tanke rezine

1/4 skodelice naravnih mandljev, grobo sesekljanih

2 žlički limonine lupinice, drobno naribane

4 sardone v olju, sesekljane

Stiskanje svežega limoninega soka

navodila:

1. V ponvi segrejte nekaj olja. Dodamo 2 žlički limonine lupinice, odcejene inčune, drobno narezan čili in na tanke rezine narezane rokavice.

Med stalnim mešanjem kuhamo približno 30 sekund.

2. Dodajte 1/4 skodelice grobo sesekljanih mandljev in kuhajte minuto.

Ugasnite ogenj in na vrh dodajte limonin sok.

3. Košaro kuhalnika na pari postavite nad ponev z vrelo vodo. Brokoli dodajte v košarico in jo pokrijte.

4. Kuhajte, dokler niso mehke in hrustljave, približno 3-4 minute. Odcedimo in nato prestavimo na servirni krožnik.

5. Prelijte z mandljevo mešanico in uživajte!

<u>Informacije o hranilni vrednosti:</u>414 kalorij 6,6 g maščobe 1,6 g skupnih ogljikovih hidratov 5,4 g beljakovin

Sestavine jedi iz kvinoje:

1/2 skodelice kvinoje, suhe

2 žlici avokada ali kokosovega olja

2 stroka česna, stisnjena

1/2 skodelice koruze, konzervirane ali strjene

3 velike paprike, narezane

1/2 srednje velike paprike jalapeño, brez semen in mletega popra 1 žlica kumine

15 oz posoda temnega fižola, opranega in osiromašenega 1 skodelica cilantra, drobno narezanega in razdeljenega 1/2 skodelice zelene čebule, drobno narezanega in razdeljenega 2 skodelici tex mex cheddarja, uničenega in ločenega 3/4 skodelice kokosovega mleka v pločevinkah

1/4 žličke soli

navodila:

1. Skuhajte kvinojo v skladu z navodili za sveženj in jo postavite na varno mesto. Brojlerja segrejte na 350 F stopinj.

2. Ogromno glineno ponev, ki se ne sprijema, segrejte na srednji vročini in zavrtite olje, da pokrije. Dodamo česen in med običajnim mešanjem kuhamo

30 sekund. Vključite koruzo, papriko, jalapenos in kumino. Premešamo in nemoteno dušimo 3 minute, ponovno premešamo in dušimo še 3 minute.

3. Premaknite se v veliko skledo za mešanje poleg kuhane kvinoje, temnega fižola, 3/4 skodelice cilantra, 1/4 skodelice zelene čebule, 1/2 skodelice čedarja, kokosovega mleka in soli. Dobro premešajte, premaknite v posodo za pripravo 8 x 11, potresite s preostalim 1/2 skodelice cheddarja in segrevajte 30 minut.

4. Odstranite iz brojlerja, potresite s preostalim 1/4 skodelice cilantra in 1/4 skodelice zelene čebule. Postrežemo toplo

Obroki jajčne solate za čisto prehranjevanje: 2

Čas kuhanja: 0 minut

Sestavine:

6 jajc ekološke pašne vzreje, trdo kuhana

1 avokado

¼ skodelice grškega jogurta

2 žlici oljčnega olja majoneza

1 čajna žlička svežega kopra

Morska sol po okusu

Solata za serviranje

navodila:

1. Trdo kuhana jajca in avokado pretlačite skupaj.

2. Dodajte grški jogurt, majonezo z oljčnim oljem in svež koper.

3. Začinite z morsko soljo. Postrežemo na posteljici iz zelene solate.

Informacije o hranilni vrednosti:Skupni ogljikovi hidrati 18 g Prehranske vlaknine: 10 g Beljakovine: 23 g Skupna maščoba: 38 g Kalorije: 486

Porcije čilija iz belega fižola: 4

Čas kuhanja: 20 minut

Sestavine:

¼ skodelice ekstra deviškega oljčnega olja

2 majhni čebuli, narezani na ¼-palčne kocke

2 stebli zelene, na tanke rezine

2 majhna korenčka, olupljena in na tanke rezine narezana

2 stroka česna, nasekljana

2 žlički mlete kumine

1½ čajne žličke posušenega origana

1 čajna žlička soli

¼ čajne žličke sveže mletega črnega popra

3 skodelice zelenjavne juhe

1 (15½-unča) pločevinka belega fižola, odcejena in oprana ¼ drobno sesekljanega svežega ploščatega peteršilja

2 žlički naribane ali mlete limonine lupinice

navodila:

1. Olje segrejte na močnem ognju v nizozemski pečici.

2. Dodajte čebulo, zeleno, korenje in česen ter pražite, dokler se ne zmehčajo, 5 do 8 minut.

3. Dodajte kumino, origano, sol in poper ter pražite, da se začimbe prepražijo, približno 1 minuto.

4. Postavite juho in zavrite.

5. Dušimo, dodamo fižol in med delno pokritim in občasnim mešanjem kuhamo 5 minut, da se okusi razvijejo.

6. Zmešajte peteršilj in limonino lupinico ter postrezite.

Informacije o hranilni vrednosti:Kalorije 300 Skupna maščoba: 15 g Skupni ogljikovi hidrati: 32 g Sladkor: 4 g Vlaknine: 12 g Beljakovine: 12 g Natrij: 1183 mg

Porcije limonine tune: 4

Čas kuhanja: 18 minut

Sestavine:

4 zrezki tune

1 žlica oljčnega olja

½ čajne žličke dimljene paprike

¼ čajne žličke zdrobljenega črnega popra

Sok 1 limone

4 čebulice, sesekljane

1 žlica drobnjaka, sesekljanega

navodila:

1. Na srednje močnem ognju segrejte ponev z oljem, dodajte mlado čebulo in jo pražite 2 minuti.

2. Dodamo tunine zrezke in jih pražimo 2 minuti na vsaki strani.

3. Dodajte preostale sestavine, nežno premešajte, postavite pekač v pečico in pecite pri 360 stopinjah F 12 minut.

4. Vse razdelimo na krožnike in postrežemo za kosilo.

Informacije o hranilni vrednosti:kalorije 324, maščobe 1, vlaknine 2, ogljikovi hidrati 17, beljakovine 22

Porcije kokosove gobove juhe: 3

Čas kuhanja: 10 minut

Sestavine:

1 žlica kokosovega olja

1 žlica mletega ingverja

1 skodelica narezanih gob cremini

½ čajne žličke kurkume

2 in ½ skodelice vode

½ skodelice kokosovega mleka v pločevinkah

Morska sol po okusu

navodila:

1. V velikem loncu na zmernem ognju segrejte kokosovo olje in dodajte gobe. Kuhajte 3-4 minute.

2. Preostanek ojačimo in zavremo. Pustimo vreti 5 minut.

3. Razdelite med tri jušne sklede in uživajte!

Informacije o hranilni vrednosti:Skupni ogljikovi hidrati 4 g Prehranske vlaknine: 1 g Beljakovine: 2 g Skupna maščoba: 14 g Kalorije: 143

Porcije zimske sadne solate: 6

Čas kuhanja: 0 minut

Sestavine:

4 kuhani sladki krompirji, narezani na kocke (1-palčne kocke) 3 hruške, narezane na kocke (1-palčne kocke)

1 skodelica grozdja, prepolovljena

1 jabolko, narezano na kocke

½ skodelice polovic orehov orehov

2 žlici oljčnega olja

1 žlica rdečega vinskega kisa

2 žlici surovega medu

navodila:

1. Zmešajte olivno olje, rdeči vinski kis, nato še surovi med, da naredite preliv, in pustite na stran.

2. Zmešajte narezano sadje, sladki krompir in polovice orehov orehov ter to razdelite med šest servirnih skledic. Vsako skledo prelijte s prelivom.

Informacije o hranilni vrednosti:Skupni ogljikovi hidrati 40 g Prehranske vlaknine: 6 g Beljakovine: 3 g Skupna maščoba: 11 g Kalorije: 251

V medu pečena piščančja bedra s korenčkom

Porcije: 4

Čas kuhanja: 50 minut

Sestavine:

2 žlici nesoljenega masla, pri sobni temperaturi 3 veliki korenčki, narezani na tanke rezine

2 stroka česna, nasekljana

4 piščančja stegna s kostjo in kožo

1 čajna žlička soli

½ čajne žličke posušenega rožmarina

¼ čajne žličke sveže mletega črnega popra

2 žlici medu

1 skodelica piščančje juhe ali zelenjavne juhe

Limonine rezine, za serviranje

navodila:

1. Pečico segrejte na 400°F. Pekač namažemo z maslom.

2. Korenje in česen v enem sloju razporedite po pekaču.

3. Piščanca položite s kožo navzgor na zelenjavo in ga začinite s soljo, rožmarinom in poprom.

4. Na vrh dajte med in dodajte juho.

5. Pečemo v 40 do 45 minutah. Odstranite in pustite počivati 5

minut in postrezite z rezinami limone.

Informacije o hranilni vrednosti:Kalorije 428 Skupna maščoba: 28 g Skupni ogljikovi hidrati: 15 g Sladkor: 11 g Vlaknine: 2 g Beljakovine: 30 g Natrij: 732 mg

Porcije puranskega čilija: 8

Čas kuhanja: 4 ure in 10 minut

Sestavine:

1-kilogramska mleta puranja, po možnosti 99 % pusta

2 pločevinki rdečega fižola, opranih in odcejenih (15 oz vsaka) 1 rdeča paprika, sesekljana

2 pločevinki paradižnikove omake (15 oz vsaka)

1 kozarec narezanih ukročenih jalapeno paprik, odcejenih (16 oz) 2 pločevinki majhnih paradižnikov, narezanih na kocke (15 oz vsaka) 1 žlica kumine

1 rumena paprika, grobo sesekljana

2 pločevinki črnega fižola, po možnosti opranih in odcejenih (15 oz vsaka) 1 skodelica zamrznjene koruze

2 žlici čilija v prahu

1 žlica oljčnega olja

Črni poper in sol po okusu

1 srednja čebula, narezana na kocke

Zelena čebula, avokado, nariban sir, grški jogurt/kisla smetana, na vrh, po želji

navodila:

1. V veliki ponvi segrejte olje do vročega. Ko je končano, purana previdno položite v vročo ponev in kuhajte, dokler ne porjavi. Purana nalijte na dno počasnega kuhalnika, po možnosti 6 litrov.

2. Dodajte jalapeños, koruzo, papriko, čebulo, na kocke narezan paradižnik, paradižnikovo omako, fižol, kumino in čili v prahu. Premešamo, nato dodamo poper in sol po okusu.

3. Pokrijte in kuhajte 6 ur na majhnem ognju ali 4 ure na močnem ognju.

Postrezite z neobveznimi prelivi in uživajte.

<u>Informacije o hranilni vrednosti:</u>kcal 455 Maščoba: 9 g Vlaknine: 19 g Beljakovine: 38 g

Lečina juha z začimbami Porcije: 5

Čas kuhanja: 25 minut

Sestavine:

1 skodelica rumene čebule (narezane na kocke)

1 skodelica korenčka (narezanega na kocke)

1 skodelica repe

2 žlici ekstra deviškega oljčnega olja

2 žlici balzamičnega kisa

4 skodelice mlade špinače

2 skodelici rjave leče

¼ skodelice svežega peteršilja

navodila:

1. Na srednjem ognju segrejte lonec na pritisk in vanj dodajte olivno olje ter zelenjavo.

2. Po 5 minutah v lonec dodamo juho, lečo in sol ter pustimo vreti 15 minut.

3. Odstranite pokrov in vanjo dodajte špinačo in kis.

4. Juho mešajte 5 minut in ugasnite ogenj.

5. Okrasite s svežim peteršiljem.

Informacije o hranilni vrednosti:Kalorije 96 Ogljikovi hidrati: 16 g Maščoba: 1 g Beljakovine: 4 g

Porcije česnovega piščanca in zelenjave: 4

Čas kuhanja: 45 minut

Sestavine:

2 žlički ekstra deviškega oljčnega olja

1 por, samo beli del, narezan na tanke rezine

2 veliki bučki, narezani na ¼-palčne rezine

4 piščančje prsi s kostjo in kožo

3 stroki česna, sesekljani

1 čajna žlička soli

1 čajna žlička posušenega origana

¼ čajne žličke sveže mletega črnega popra

½ skodelice belega vina

Sok 1 limone

navodila:

1. Pečico segrejte na 400°F. Pekač namažite z oljem.

2. Por in bučko položimo na pekač.

3. Piščanca položite s kožo navzgor in potresite s česnom, soljo, origanom in poprom. Dodajte vino.

4. Pečemo v 35 do 40 minutah. Odstranite in pustite počivati 5 minut.

5. Dodajte limonin sok in postrezite.

Informacije o hranilni vrednosti:Kalorije 315 Skupna maščoba: 8 g Skupni ogljikovi hidrati: 12 g Sladkor: 4 g Vlaknine: 2 g Beljakovine: 44 g Natrij: 685 mg

Porcije solate z dimljenim lososom: 4

Čas kuhanja: 20 minut

Sestavine:

2 mladi čebulici koromača, narezani na tanke rezine, nekaj listov pridržanih

1 žlica nasoljenih kaper, opranih, odcejenih ½ skodelice naravnega jogurta

2 žlici sesekljanega peteršilja

1 žlica limoninega soka, sveže iztisnjenega

2 žlici svežega drobnjaka, sesekljanega

1 žlica sesekljanega svežega pehtrana

180 g narezanega dimljenega lososa z malo soli

½ rdeče čebule, narezane na tanke rezine

1 čajna žlička limonine lupinice, drobno naribane

½ skodelice francoske zelene leče, oprane

60 g sveže mlade špinače

½ avokada, narezanega

Ščepec sladkorja

navodila:

1. V večjo ponev z vodo dajte vodo in zavrite na zmernem ognju. Ko zavre; kuhajte lečo do mehkega, 20 minut; dobro odcedite.

2. Medtem predhodno segrejte ponev na močnem ognju.

Rezine koromača poškropite z nekaj olja in kuhajte, dokler se ne zmehčajo 2 minut na stran.

3. Drobnjak, peteršilj, jogurt, pehtran, limonino lupinico in kapre v sekljalniku pretlačimo do popolne gladkosti in jih po okusu začinimo s poprom.

4. Čebulo s sladkorjem, sokom in ščepcem soli dajte v veliko mešalno posodo. Postavite na stran za nekaj minut in nato odcedite.

5. V veliki posodi za mešanje zmešajte lečo s čebulo, koromačem, avokadom in špinačo. Enakomerno razdelite na krožnike in nato na vrh položite ribe. Potresemo z ostanki listov koromača in svežim peteršiljem. Pokapajte z zelenim prelivom boginje. Uživajte.

<u>Informacije o hranilni vrednosti:</u>kcal 368 Maščoba: 14 g Vlaknine: 8 g Beljakovine: 20 g

Porcije solate Shawarma iz fižola: 2

Čas kuhanja: 20 minut

Sestavine:

Za pripravo solate

20 pita čipsa

5 unč spomladanske solate

10 češnjevih paradižnikov

¾ skodelice svežega peteršilja

¼ skodelice rdeče čebule (nasekljajte)

Za čičeriko

1 žlica olivnega olja

1 glava - žlica kumine in kurkume

½ glave - žlica paprike in koriandra v prahu 1 ščepec črnega popra

½ malo košer soli

¼ žlice ingverja in cimeta v prahu

Za pripravo preliva

3 stroki česna

1 žlica posušenega svedra

1 žlica limetinega soka

voda

½ skodelice humusa

navodila:

1. V že ogreto pečico (204C) postavite rešetko. Čičeriko zmešajte z vsemi začimbami in zelišči.

2. Na pekač položite tanko plast čičerike in jo pecite skoraj 20 minut. Pečemo ga toliko časa, da fižol zlato zapeče.

3. Za pripravo preliva zmešajte vse sestavine v skledi za stepanje in premešajte. Za primerno gladkost postopoma dodajajte vodo.

4. Zmešajte vsa zelišča in začimbe za pripravo solate.

5. Za serviranje solati dodajte pita čips in fižol ter jo pokapajte z nekaj preliva.

Informacije o hranilni vrednosti:Kalorije 173 Ogljikovi hidrati: 8 g Maščoba: 6 g Beljakovine: 19 g

Porcije ocvrtega riža z ananasom: 4

Čas kuhanja: 20 minut

Sestavine:

2 korenčka, olupljena in naribana

2 zeleni čebuli, narezani

3 žlice sojine omake

1/2 skodelice šunke, narezane na kocke

1 žlica sezamovega olja

2 skodelici konzerviranega/svežega ananasa, narezanega na kocke

1/2 čajne žličke ingverja v prahu

3 skodelice rjavega riža, kuhanega

1/4 čajne žličke belega popra

2 žlici olivnega olja

1/2 skodelice zamrznjenega graha

2 stroka česna, nasekljana

1/2 skodelice zamrznjene koruze

1 čebula, narezana na kocke

navodila:

1. V skledo dajte 1 žlico sezamovega olja, 3 žlice sojine omake, 2 ščepca belega popra in 1/2 čajne žličke ingverja v prahu. Dobro premešajte in pustite na stran.

2. V ponvi segrejte olje. Dodajte česen skupaj z na kocke narezano čebulo.

Kuhajte približno 3-4 minute, pogosto mešajte.

3. Dodajte 1/2 skodelice zamrznjenega graha, naribano korenje in 1/2 skodelice zamrznjene koruze.

Mešajte, dokler se zelenjava ne zmehča, le nekaj minut.

4. Vmešajte mešanico sojine omake, 2 skodelici narezanega ananasa, ½ skodelice sesekljane šunke, 3 skodelice kuhanega rjavega riža in narezano zeleno čebulo.

Kuhajte približno 2-3 minute, pogosto mešajte. Postrezite!

Informacije o hranilni vrednosti:252 kalorij 12,8 g maščobe 33 g skupnih ogljikovih hidratov 3 g beljakovin

Porcije juhe iz leče: 2

Čas kuhanja: 30 minut

Sestavine:

2 srednje velika in narezana korenčka

2 žlici. Limonin sok, svež

1 žlica Kurkuma v prahu

1/3 skodelice leče, kuhane

1 žlica Mandlji, sesekljani

1 steblo zelene, narezano na kocke

1 šopek sveže sesekljanega peteršilja

1 rumena čebula, velika in sesekljana

Črni poper, sveže mlet

1 pastinak, srednje velik in narezan

½ žličke Kumina v prahu

3 ½ skodelice vode

½ žličke Rožnata himalajska sol

4 liste ohrovta, grobo narezane

navodila:

1. Za začetek v srednje velik lonec na srednji ogenj damo korenje, pastinak, eno žlico vode in čebulo.

2. Zelenjavno mešanico med občasnim mešanjem kuhajte 5 minut.

3. Nato vanjo vmešajte lečo in začimbe. Dobro kombinirajte.

4. Nato v lonec nalijemo vodo in mešanico zavremo.

5. Sedaj zmanjšajte ogenj na nizko in pustite vreti 20 minut.

6. Ugasnite ogenj in ga odstranite s štedilnika. Dodajte mu ohrovt, limonin sok, peteršilj in sol.

7. Nato dobro premešajte, dokler se vse ne poveže.

8. Potresemo z mandlji in postrežemo vroče.

<u>Informacije o hranilni vrednosti:</u>Kalorije: 242 kcal Beljakovine: 10 g Ogljikovi hidrati: 46 g Maščoba: 4 g

Porcije okusne solate s tuno: 2

Čas kuhanja: 15 minut

Sestavine:

2 pločevinki tune, pakirane v vodi (5oz vsaka), odcejena ¼ skodelice majoneze

2 žlici sveže nasekljane bazilike

1 žlica limoninega soka, sveže iztisnjenega

2 žlici na ognju pečene rdeče paprike, sesekljane ¼ skodelice kalamate ali mešanih oliv, sesekljanih

2 velika zrela paradižnika

1 žlica kaper

2 žlici rdeče čebule, sesekljane

Poper & sol po okusu

navodila:

1. Dodajte vse elemente (razen paradižnika) skupaj v veliko skledo za mešanje; sestavine dobro premešajte, dokler se dobro ne združijo.

Paradižnik narežite na šestine in ga nato nežno odprite. Na sredino zajamemo pripravljeno mešanico tunine solate; takoj postrezite in uživajte.

<u>Informacije o hranilni vrednosti:</u>kcal 405 Maščoba: 24 g Vlaknine: 3,2 g Beljakovine: 37 g

Aioli z jajci Porcije: 12

Čas kuhanja: 0 minut

Sestavine:

2 rumenjaka

1 česen, nariban

2 žlici. vodo

½ skodelice ekstra deviškega oljčnega olja

¼ skodelice limoninega soka, sveže iztisnjenega, brez pečk ¼ žličke. morska sol

Krpica kajenskega popra v prahu

Ščepec belega popra, po okusu

navodila:

1. V blender stresite česen, rumenjake, sol in vodo; obdelajte do gladkega. V počasnem curku vlijemo olivno olje, dokler preliv ne postane emulgiran.

2. Dodajte preostale sestavine. okus; po potrebi prilagodite začimbe.

Nalijte v nepredušno posodo; uporabite po potrebi.

Informacije o hranilni vrednosti: Kalorije 100 Ogljikovi hidrati: 1 g Maščoba: 11 g Beljakovine: 0 g

Testenine za špagete z zeliščno gobovo omako

Sestavine:

200 gramov/6,3 oz okoli velike porcije zavitka pšeničnih vitkih špagetov *

140 gramov očiščenih narezanih gob 12-15 kosov*

¼ skodelice smetane

3 skodelice mleka

2 žlici olivnega olja za kuhanje poleg 2 žličk več olja ali utekočinjene margarine, ki vključuje sredino 1,5 žlice moke

½ skodelice sesekljane čebule

¼ do ½ skodelice hrustljavo mletega parmezana cheddar

Nekaj koščkov temnega popra

Sol po okusu

2 žlički posušenega ali novega timijana *

Šopek šifoniranih listov nove bazilike

navodila:

1. Testenine skuhajte še nekoliko čvrste, kot kaže snop.

2. Medtem ko se testenine kuhajo, se lotimo priprave omake.

3. 3 skodelice mleka segrevajte v mikrovalovni pečici 3 minute ali na kuhalni plošči, dokler ne postane enolončnica.

4. Istočasno segrejte 2 žlici olja v posodi proti prijemanju na srednji temperaturi in skuhajte narezane gobe. Kuhajte približno 2

minut.

5. Od samega začetka bodo gobe izpustile nekaj vode, nato pa bo ta na dolgi rok izhlapela in postala sveža.

6. Trenutno zmanjšajte ogenj na srednjega, vključite čebulo in kuhajte 1 trenutek.

7. Zdaj dodamo 2 žlički zmehčanega namaza in potresemo nekaj moke.

8. Mešajte 20 sekund.

9. Vključite toplo mleko in neprestano mešajte, da nastane gladka omaka.

10. Ko se omaka zgosti, tj. gre v enolončnico, ugasnemo ogenj.

11. Trenutno vključite ¼ skodelice mletega parmezana cheddar. Mešajte do gladkega. Za 30 sekund.

12. Zdaj dodajte sol, poper in timijan.

13. Preizkusite. Po potrebi spremenite aromo.

14. Vmes naj bodo testenine še nekoliko čvrste.

15. Precedite toplo vodo v cedilu. Pustite, da pipa teče in nalijte hladno vodo, da se ne kuha, natočite vso vodo in jo prelijte z omako.

16. Če ne jeste takoj, ne mešajte testenin v omako. Testenine hranite ločeno, prekrite z oljem in zavarovane.

17. Postrezite toplo z več potresa s parmezanom cheddar.

Cenim!

Rjavi riž in šitake miso juha s kapesanto

Obroki: 4

Čas kuhanja: 45 minut

Sestavine:

2 žlici sezamovega olja

1 skodelica na tanke rezine narezanih gob shiitake

1 strok česna, mlet

1 (1½-palčni) kos svežega ingverja, olupljen in narezan 1 skodelica srednjezrnatega rjavega riža

½ čajne žličke soli

1 žlica belega misa

2 glavici, narezani na tanke rezine

2 žlici drobno sesekljanega svežega cilantra

navodila:

1. V velikem loncu segrejte olje na srednje močnem ognju.

2. Dodajte gobe, česen in ingver ter približno 5 minut pražite, dokler se gobe ne začnejo mehčati.

3. Dajte riž in premešajte, da se enakomerno premaže z oljem. Dodajte 2 skodelici vode in sol ter zavrite.

4. Kuhajte 30 do 40 minut. Uporabite malo jušne juhe, da zmehčate miso, nato pa ga vmešajte v lonec, dokler se dobro ne zmeša.

5. Zmešajte mlado čebulo in cilantro, nato postrezite.

Informacije o hranilni vrednosti:Kalorije 265 Skupna maščoba: 8 g Skupni ogljikovi hidrati: 43 g Sladkor: 2 g Vlaknine: 3 g Beljakovine: 5 g Natrij: 456 mg

Oceanska postrv na žaru s prelivom iz česna in peteršilja

Obroki: 8

Čas kuhanja: 25 minut

Sestavine:

3 ½ funtov kos fileja postrvi, po možnosti morske postrvi, brez kosti, s kožo

4 stroki česna, narezani na tanke rezine

2 žlici kaper, grobo sesekljanih

½ skodelice ploščatih listov peteršilja, svežih

1 rdeč čili, po možnosti dolg; tanko narezan 2 žlici limoninega soka, sveže iztisnjen ½ skodelice oljčnega olja

Limonine rezine, za serviranje

navodila:

1. Postrvi namažite s približno 2 žlicama olja; zagotovite, da so vse strani lepo premazane. Žar segrejte na močnem ognju, po možnosti z zaprto napo. Zmanjšajte toploto na srednjo; obloženo postrv položimo na ploščo za žar, najbolje na stran s kožo. Kuhajte, dokler ni delno kuhano in zlato

porumenilo, nekaj minut. Postrvi previdno obrnemo; kuhajte, dokler ni kuhano, 12 do 15 minut, pri zaprti napi. File prestavite na velik servirni krožnik.

2. Medtem segrejte ostanke olja; česen na majhnem ognju v majhni ponvi, dokler se ravno ne segreje; česen začne spreminjati barvo. Odstranite, nato pa vmešajte kapre, limonin sok, čili.

Postrvi prelijemo s pripravljenim prelivom in nato potresemo z listi svežega peteršilja. Takoj postrezite z rezinami sveže limone in uživajte.

Informacije o hranilni vrednosti:kcal 170 Maščoba: 30 g Vlaknine: 2 g Beljakovine: 37 g

Zavitki iz karijeve cvetače in čičerike Sestavine:

1 svež ingver

2 stroka česna

1 pločevinka čičerike

1 rdeča čebula

8 unč cvetov cvetače

1 čajna žlička Garam Masala

2 žlici Arrowroot škroba

1 limona

1 paket Cilantro Fresh

1/4 skodelice veganskega jogurta

4 obloge

3 žlice naribanega kokosa

4 unče mlade špinače

1 žlica rastlinskega olja

1 čajna žlička soli in popra po okusu

navodila:

1. Predgrejte štedilnik na 400 °F (205 °C). Olupi in nasekljaj 1 čajno žličko ingverja. Sesekljajte česen. Čičeriko kanaliziramo in operemo. Rdečo čebulo olupimo in drobno narežemo. Razdeli limono.

2. Grelno ploščo premažite z 1 žlico rastlinskega olja. V ogromni skledi združite mleti ingver, česen, sok velikega dela limone, čičeriko, narezano rdečo čebulo, cvetove cvetače, garam masalo, škrob marante in 1/2 žličke soli. Premaknite se na pripravljalni list in obrok v brojlerju, dokler cvetača ni občutljiva in ponekod prepražena, približno 20 do 25 minut.

3. Sesekljajte liste cilantra in občutljiva stebla. V majhni posodi zmešajte koriander, jogurt, 1 žlico limoninega soka ter malo soli in popra.

4. Obložite jih s folijo in jih postavite v štedilnik, da se segrejejo približno 3 do 4 minute.

5. Postavite malo ponev proti sprijemanju na srednjo toploto in dodajte uničen kokos. Toast, posodo redno stresajte, dokler ni okusno pečena, približno 2 do 3 minute.

6. Infant špinačo in kuhano zelenjavo položite med tople obloge. Zavitke cvetače in čičerike naložimo na ogromne krožnike in jih potresemo s cilantrovo omako.Potresemo s popečenim kokosom

Porcije juhe iz ajdovih rezancev: 4

Čas kuhanja: 25 minut

Sestavine:

2 skodelici Bok Choy, sesekljan

3 žlice. Tamari

3 šopki ajdovih rezancev

2 skodelici Edamame fižola

7 oz. Shiitake gobe, sesekljane

4 skodelice vode

1 čajna žlička Ingver, nariban

kanček soli

1 strok česna, nariban

navodila:

1. Najprej postavite vodo, ingver, sojino omako in česen v srednje velik lonec na srednji ogenj.

2. Mešanico ingverjeve in sojine omake zavrite in ji nato vmešajte edamame in šitake.

3. Nadaljujte s kuhanjem še 7 minut ali dokler se ne zmehča.

4. Nato skuhajte sobe rezance po navodilih: v zavojčku, dokler niso kuhani. Operite in dobro odcedite.

5. Sedaj dodajte bok choy mešanici šitak in kuhajte še eno minuto ali dokler bok choy ne oveni.

6. Na koncu razdelite soba rezance med servirne sklede in jih prelijte z gobovo mešanico.

Informacije o hranilni vrednosti:Kalorije: 234 kcal Beljakovine: 14,2 g Ogljikovi hidrati: 35,1 g Maščobe: 4 g

Preprosta porcija solate z lososom: 1

Čas kuhanja: 0 minut

Sestavine:

1 skodelica organske rukole

1 pločevinka divjega lososa

½ narezanega avokada

1 žlica oljčnega olja

1 čajna žlička dijonske gorčice

1 čajna žlička morske soli

navodila:

1. Začnite z mešanjem oljčnega olja, dijonske gorčice in morske soli v skledi za mešanje, da naredite preliv. Dati na stran.

2. Solato sestavite z rukolo za osnovo, nanjo pa položite lososa in narezan avokado.

3. Prelijemo s prelivom.

Informacije o hranilni vrednosti: Skupni ogljikovi hidrati 7 g Prehranske vlaknine: 5 g Beljakovine: 48 g Skupna maščoba: 37 g Kalorije: 553

Porcije zelenjavne juhe: 4

Čas kuhanja: 40 minut

Sestavine:

1 žlica Kokosovo olje

2 skodelici ohrovta, narezanega

2 stebli zelene, narezane na kocke

½ od 15 oz. pločevinka belega fižola, odcejena in oprana 1 čebula, velika in narezana na kocke

¼ žličke Črni poper

1 korenček, srednje velik in narezan na kocke

2 skodelici cvetače, narezane na cvetove

1 čajna žlička Kurkuma, zmleta

1 čajna žlička Morska sol

3 stroki česna, sesekljani

6 skodelic zelenjavne juhe

navodila:

1. Za začetek segrejte olje v velikem loncu na srednje nizkem ognju.

2. V lonec stresite čebulo in jo dušite 5 minut ali dokler se ne zmehča.

3. V lonec dajte korenček in zeleno ter nadaljujte s kuhanjem še 4 minute oziroma dokler se zelenjava ne zmehča.

4. Zdaj mešanici po žlicah dodajte kurkumo, česen in ingver. Dobro premešamo.

5. Zelenjavno mešanico kuhajte 1 minuto ali dokler ne zadiši.

6. Nato prilijte zelenjavno juho skupaj s soljo in poprom ter mešanico zavrite.

7. Ko začne vreti, dodamo cvetačo. Ogenj zmanjšamo in zelenjavno mešanico dušimo 13 do 15 minut oziroma dokler se cvetača ne zmehča.

8. Nazadnje dodajte fižol in ohrovt—Skuhajte v 2 minutah.

9. Postrezite vroče.

<u>Informacije o hranilni vrednosti:</u>Kalorije 192 Kcal Beljakovine: 12,6 g Ogljikovi hidrati: 24,6 g Maščobe: 6,4 g

Porcije kozic z limoninim česnom: 4

Čas kuhanja: 15 minut

Sestavine:

1 in ¼ funtov kozic, kuhanih ali na pari

3 žlice česna, mletega

¼ skodelice limoninega soka

2 žlici olivnega olja

¼ skodelice peteršilja

navodila:

1. Vzemite majhno ponev in jo postavite na srednji ogenj, dodajte česen in olje ter med mešanjem kuhajte 1 minuto.

2. Dodamo peteršilj, limonin sok in ustrezno začinimo s soljo in poprom.

3. V veliko skledo dodajte kozico in zmes iz ponve prenesite čez kozico.

4. Ohladite in postrezite.

Informacije o hranilni vrednosti:Kalorije: 130 Maščoba: 3 g Ogljikovi hidrati: 2 g Beljakovine: 22 g

Blt Spring Rolls Sestavine:

novo solato, natrgano ali narezano

kosi avokada, po lastni presoji

SEZAM-SOJINA OMAKA ZA POMAKANJE

1/4 skodelice sojine omake

1/4 skodelice hladne vode

1 žlica majoneze (po lastni presoji, zaradi tega je potopek žameten)

1 čajna žlička novega limetinega soka

1 čajna žlička sezamovega olja

1 čajna žlička sriracha omake ali katere koli pekoče omake (po želji)<u>navodila:</u>

1. srednji paradižnik (brez semen in narezan na 1/4" debelo) 2. koščki kuhane slanine

3. nova bazilika, meta ali različna zelišča

4. rižev papir

Prsi z modrim sirom Porcije: 6

Čas kuhanja: 8 ur. 10 minut

Sestavine:

1 skodelica vode

1/2 žlice česnove paste

1/4 skodelice sojine omake

1 ½ lb soljenih govejih prsi

1/3 čajne žličke mletega koriandra

1/4 čajne žličke nageljnovih žbic, mletih

1 žlica oljčnega olja

1 šalotka, sesekljana

2 oz. modri sir, zdrobljen

Sprej za kuhanje

navodila:

1. Ponev postavite na zmeren ogenj in dodajte olje, da se segreje.

2. Vmešajte šalotko in premešajte ter kuhajte 5 minut.

3. Vmešajte česnovo pasto in kuhajte 1 minuto.

4. Prenesite ga v počasen kuhalnik, namaščen s pršilom za kuhanje.

5. V isto ponev položite prsi in jih na obeh straneh zlato zapecite.

6. Goveje meso prestavite v počasni kuhalnik skupaj z drugimi sestavinami razen sira.

7. Pokrijte in kuhajte 8 ur. na majhnem ognju.

8. Okrasite s sirom in postrezite.

<u>Informacije o hranilni vrednosti:</u>Kalorije 397, beljakovine 23,5 g, maščobe 31,4 g, ogljikovi hidrati 3,9 g, vlaknine 0 g